Dr. Dieter Zittlau

SCHLAGFERTIG KONTERN IN JEDER SITUATION

*Nie mehr sprachlos:
mit dem richtigen Argument zur richtigen Zeit*

SÜDWEST

Inhalt

Vorwort 4
Was ist Schlagfertigkeit? 6
Schlagfertigkeit als Form der Kreativität 6
Das Vier-Phasen-Schema der Kreativität 7
Ist Schlagfertigkeit angeboren? 9
Trainieren Sie Ihr brachliegendes Potenzial 10

Hemmungen und Angst – die zwei Bremser 11
Die Angst vor den Mitmenschen 11
Das Prinzip der sich selbst erfüllenden Prophezeiung 12
Hemmungen und Angst reduzieren 13
Überprüfen Sie Ihr Horrorszenario! 14
Anspannung und Entspannung im Gleichgewicht 14
Test: Wie sehen Sie sich selbst, wie sehen andere Sie? 16

Die Grundlagen des Argumentierens 19
Rhetorik 19
Psychologie 21
Logik 22
Logik und Sprache 25
Die logischen Grundlagen der überzeugenden Argumentation 28
Test: Wie logisch denken und argumentieren Sie? 30

Gespräche erfolgreich führen 32
Einen guten Eindruck machen, ohne viel zu sagen 32
Aktives Zuhören 32
Der Umgang mit schwierigen Vorgesetzten 36
Auch Chefs brauchen Anerkennung 39
Schlagfertige Konter auf Vorwürfe 39
Der Umgang mit aggressiven Gesprächspartnern 43
Erste Regel – bleiben Sie ruhig! 44
Mit Körpersprache Aggressionen abfedern 47
Wenn ein Angriff als Frage vorgetragen wird 48
Kritikgespräche konstruktiv führen 51
Den Kritisierten nicht mit Argumenten erschlagen 52
Richtige Fragetechnik – die offene Frage 54
Die geeignete Gesprächseröffnung 56
Partnerorientierte Fragen 58
Fragen, die keine sind 59

Sicherheit im Gespräch durch schlüssige Definitionen 62
Definitionen und ihre Tücken 62
Wenn der Gesprächspartner anderer Ansicht ist 63
Schlagfertig kontern mit Definitionen 65

Gespräche steuern durch den gekonnten Einsatz von Pausen 67
Schwächen zeigen, Schwächen verbergen 67

Überzeugen und manipulieren 70
Manipulation durch Fragen 70
Gewollte und ungewollte Beeinflussung 71
Jemanden zu einer bestimmten Handlung veranlassen 72

Suggestivfragen in der
Entweder-oder-Form ... 74

Überzeugen durch Beispiele und Anschaulichkeit ... 76
Was beweist ein Beispiel? ... 76
Verallgemeinerungen kontern ... 77

Die Ja-aber-Taktik – Widerlegung nach Zustimmung ... 82
Wie stiehlt man einen guten Einfall? ... 82

Die Salamitaktik – in kleinen Schritten ans Ziel ... 85
Zur Abwehr konsequent dagegenhalten ... 85

Manipulieren durch »harte« Daten und Zahlen ... 88
Die praktische Art, Probleme zu verschleiern ... 90
Manipulieren durch Weglassen ... 91
Zur Abwehr kritisch nachfragen ... 92

Widersprechen und mit Widerspruch umgehen ... 94
Einwände entkräften ... 94
Vier wirksame Methoden zur Einwandbehandlung ... 96

Wenn man die Argumente des Gegners schon kennt ... 101
Einwände vorwegnehmen ... 102

Sich den Rückzug offen halten ... 103
Wenn-dann-Aussagen als Hintertürchen ... 104
Das Hintertürchen kontern ... 105

Strategien der emotionalen Beeinflussung ... 107
Wie gewinnt man die Sympathie seiner Zuhörer? ... 107
So sind Sie emotional überzeugend ... 107

Killerphrasen ... 110
Unfaire Attacken entschieden zurückweisen ... 111

Was ist eigentlich »offensichtlich«? ... 114
Die Tücken der Evidenz ... 114
Trauen Sie sich zu zweifeln ... 115

Mit einem kurzen Statement überzeugen ... 118
Der dialektische Fünfsatz ... 118
Der kausale Fünfsatz ... 121

Durch einen moralischen Appell beeinflussen ... 124
Appell an das soziale Gewissen ... 124

Exkurs zur Körpersprache ... 127
Wie Ihr Körper Unsicherheit verrät ... 127
Wie Sie Offenheit, Abwehr oder Angriff signalisieren ... 130

Provokation – der Tritt vor das geistige Schienbein ... 132
Provozieren, um Aufmerksamkeit zu erregen ... 132
Zum Nachdenken anregen ... 133
Provozierendes Schweigen ... 134

Auf Provokationen reagieren ... 135
Provokation und Anmache ... 136
Provokationen schlagfertig kontern ... 137

Zum Schluss: Bei Risiken und Nebenwirkungen 140

Lösungsvorschläge ... 141

Register ... 159

Vorwort

*»Gedanken sind nicht stets parat,
man schreibt auch, wenn man keine hat.«*
Wilhelm Busch

Ersetzen Sie in diesem Vers das Wörtchen »schreibt« durch das Wörtchen »spricht«, so erhalten Sie nicht nur eine ganz alltägliche Situation, sondern auch einen wesentlichen Grund, aus dem dieses Buch entstanden ist. Zugleich erfahren Sie etwas über den Angelpunkt, an dem dieses Buch im Gegensatz zu vielen anderen Büchern mit ähnlicher Thematik ansetzt: Da das Denken dem Sprechen vorausgeht – oder zumindest vorausgehen sollte –, werden in den folgenden Kapiteln nicht nur das Argumentieren, Reden und schlagfertige Kontern trainiert, sondern es wird auch das zügige und logische Denken geübt. Unterstützt von Einblicken in die psychologischen Bedingungen und Hintergründe einer erfolgreichen Kommunikation, sollen Sie sich ein Fundament aus Wissen und an Sicherheit erwerben, von dem aus Sie mit *der* Souveränität handeln, d. h. reden können, wie Sie es sich wünschen. Das Buch wird Ihnen also sowohl konkrete Fertigkeiten vermitteln als auch Einsichten, denn Einsichten sind der erste Schritt auf dem Weg zu einem sichereren Auftreten und besserer Kommunikationsfähigkeit.

> Logisches Denken und sicheres Argumentieren kann man trainieren. Jeder kann sich diese Fähigkeiten aneignen.

In diesem Buch sollen Sie u. a. lernen,
- sich auf Situationen, in denen Schlagfertigkeit gefordert ist, vorzubereiten,
- sicher und überzeugend zu argumentieren,
- in schwierigen Situationen die richtige Gesprächstechnik einzusetzen,
- Einwände und Angriffe schlagfertig zu kontern,
- unfaires Verhalten zu durchschauen und sich dagegen zu wehren.

Im Alltag besser kommunizieren

Die folgenden Kapitel sind über weite Teile Ergebnis meiner praktischen Tätigkeit als Trainer im Bereich der Kommunikation. Für Sie bedeutet das: Wenn Sie das Buch gelesen und durchgearbeitet haben, sollen Sie nicht nur wissen, warum bestimmte Kommunikationstechniken und -stile funktionieren oder fehlschlagen, sondern Sie sollen die erwünschten Techniken auch anwenden und die unerwünschten Verhaltensweisen vermeiden können. Dazu verhelfen Ihnen zahlreiche Übungen zur Verbesserung der Schlagfertigkeit und der Kommunikation in konkreten Situationen. Da oft Angst und Hemmungen die gewünschte Redefähigkeit oder Spontaneität behindern, finden Sie auch einige Anregungen dafür, wie Sie mit diesen Blockaden umgehen oder sie sogar abbauen können.

Training Ihrer rhetorischen Fähigkeiten

Ob Persönlichkeitstraining, Selbstsicherheitstraining, Rhetoriktraining oder Kommunikationstraining: Dies alles sind Bezeichnungen für eine neue Generation von Seminaren und Veranstaltungen in der Erwachsenenbildung, deren verbindende Komponente – das Wort »Training« – bereits auf die Methodik der Kurse hinweist. Es handelt sich nicht um Lehrveranstaltungen des klassischen Typs, in denen eine Anzahl von Schülern oder Studenten mehr oder weniger interessiert den Worten eines Dozenten lauscht, sondern um eine Lehrform, die ganz wesentlich von der Aktivität der Teilnehmer lebt und bei der ein Dozent die Rolle des Trainers oder Moderators übernimmt. Diese Kurse haben das Ziel, die Verhaltenskompetenz des einzelnen Teilnehmers zu verbessern: Die Menge der einem Menschen in unterschiedlichen Situationen offen stehenden Verhaltensmöglichkeiten soll vergrößert und damit die Wahrscheinlichkeit für ein effektives Vorgehen erhöht werden.

Auch das vorliegende Buch versteht sich als ein Training in diesem Sinn, wenn auch als Training, das Sie mit sich selbst durchführen. Dieses Buch lebt von Ihrer Teilnahme! Das meiste können Sie anhand der Übungen, die es zu fast jedem Kapitel gibt, allein trainieren, bei einigen Übungen brauchen Sie einen oder mehrere Partner. Dabei kann es reizvoll sein, dass Ihre Gesprächspartner nicht immer eingeweiht sein müssen, dass Sie gerade mit ihnen üben.

> Die Übungen in diesem Buch helfen Ihnen, bestimmte Gesprächsstrategien zu vertiefen.

Da dieses Buch logisch vorgeht und die einzelnen Kapitel aufeinander abgestimmt sind, ist es für den Ungeübten günstig, es der Reihe nach durchzuarbeiten. Unbedingt notwendig ist das jedoch nicht, denn die einzelnen Abschnitte sind auch eigenständig und in sich geschlossen. Und wer in einem späteren Abschnitt merkt, dass ihm eine zuvor behandelte Technik oder Fertigkeit fehlt, dem ist in einem Buch etwas möglich, das er in einem Seminar nicht kann: zurückblättern und das Versäumte nachholen.

Dieter Zittlau

Was ist Schlagfertigkeit?

Vielleicht kennen Sie diese Situation: Sie befinden sich in einem angespannten Gespräch, vielleicht sogar in einer hitzigen Diskussion. Gerade hat Ihr Gesprächspartner etwas gesagt, mit dem Sie absolut nicht einverstanden sind und durch das Sie sich außerdem persönlich provoziert fühlen. Nur fällt Ihnen leider ausgerechnet in diesem Augenblick so gar keine passende Bemerkung oder Entgegnung ein. Erst Stunden später, als die Diskussion schon lange beendet ist und Sie das Gespräch im Geist noch einmal durchgehen, wissen Sie plötzlich, was Sie hätten sagen sollen. Aber nun ist es zu spät.

Die Fähigkeit, die Sie in dieser Situation benötigt hätten, ist die Schlagfertigkeit. Sie ist nichts anderes als die Kunst, im richtigen Moment das Richtige zu sagen und möglichst spontan und treffend auf etwas einzugehen. Statt lange und ausführlich darüber nachzudenken, wie man auf etwas antworten könnte, geht es darum, gedanklich und sprachlich beweglich zu sein und schnell zu reagieren. Diese Reaktion oder Antwort kann dann auch unerwartet und überraschend ausfallen.

Schlagfertigkeit als Form der Kreativität

Die Schlagfertigkeit ist eng verwandt mit einer anderen geistigen Fähigkeit: der Kreativität. Damit wird das Vermögen eines Menschen bezeichnet, vorgegebene oder ausgetretene Pfade des Denkens zu verlassen und neue Ideen zu entwickeln. Kreativität bedeutet freilich nicht, die Lösung für ein Problem quasi geniehaft aus dem Nichts zu greifen. Sie besteht vielmehr einfach darin, geistig rege, frei und offen zu sein und zuzulassen, dass man seine Gedanken neue, manchmal auch unkonventionelle oder überraschende Wege ziehen lässt und sieht, was dabei herauskommt. Das kann zu sehr erstaunlichen und brauchbaren Ergebnissen, Einsichten und Problemlösungen führen.

Kreativität bedeutet, sich von alten oder vorgegebenen Denkstrukturen zu befreien.

Kreative Lösungen sind manchmal leider nicht erwünscht

Kreativität ist nicht mit Intelligenz gleichzusetzen, obwohl sich die beiden Geistesfähigkeiten in keiner Weise gegenseitig ausschließen. Was sich allerdings tatsächlich gegenseitig ausschließen kann, sind Kreativität und die bei vielen so beliebten Intelligenztests, mit denen versucht wird, die individuelle Leistungsfähigkeit des Menschen, den so genannten Intelligenzquotienten (IQ), zu messen. Warum Kreativität und Intelligenztests nicht immer identisch sein müssen, zeigt das folgende Beispiel.

Im Rahmen eines Intelligenztests soll in einer Aufgabe in dieser Figur das richtige Symbol ergänzt werden:

X	O	Δ
O	Δ	X
Δ	X	

Intelligenztests schaffen ein sehr starres Raster, in dem Kreativität in der Regel keinen Platz hat.

Offensichtlich besteht die erwartete richtige Lösung darin, in das letzte leere Kästchen ein O zu setzen, weil man dann eine Gleichverteilung der drei Symbole erhält, d. h. jeweils drei X, drei O und drei Δ. Doch eigentlich ist es völlig gleichgültig, welches Symbol in das letzte Kästchen kommt, da sich immer eine sinnvolle Lösung ergibt. So kann man die Aufgabe z. B. auch folgendermaßen lösen:

X	O	Δ
O	Δ	X
Δ	X	Δ

In diesem Falle hat man zweimal das Symbol O, dreimal das X und viermal das Δ. Und warum sollte die Kombination 2-3-4 weniger intelligent sein als die Kombination 3-3-3?

Das Beispiel zeigt, dass kreative Lösungen, bei denen man einmal »andersherum« denkt, nicht immer in das Raster von Intelligenztests passen. Sie können für das Bestehen solcher Tests sogar ausgesprochen schädlich sein. Dabei ist Kreativität für den Erhalt unserer Gesellschaft und für den wissenschaftlichen, wirtschaftlichen und sozialen Fortschritt geradezu unverzichtbar.

Das Vier-Phasen-Schema der Kreativität

Wie gesagt, ist die Schlagfertigkeit eine schnelle und oft spontane Unterform der Kreativität. Dies wird besonders deutlich, wenn man sich das populäre Vier-Phasen-Schema der Kreativität des französischen Mathematikers und Philosophen Henri Poincaré (1853–1912) anschaut. Danach gliedert sich der kreative Prozess in vier Phasen:

Was ist Schlagfertigkeit?

- Präparationsphase,
- Inkubationsphase,
- Illuminationsphase,
- Evaluationsphase.

In der Präparationsphase dringt das Problem in das Bewusstsein und aktiviert das vorhandene Wissen. Darauf folgt die Inkubationsphase mit unbewussten Verarbeitungsprozessen; diese Phase wird manchmal auch als schöpferische Pause bezeichnet. In der sich anschließenden Illuminationsphase kommt das Aha-Erlebnis, der erleuchtende Einfall, der in der abschließenden Evaluationsphase bewertet wird.

Bei der Schlagfertigkeit kommt es allein auf den zündenden Gedanken an.

Leider bleibt bei der Schlagfertigkeit für die ersten beiden Phasen nicht viel Zeit, es scheint eher, als müsste man sehr schnell zu dem erleuchtenden Einfall kommen und diesen auch ohne Verzug aussprechen. Die letzte Phase der Bewertung opfert man hingegen vollständig dem Glück der Eingebung. So liegt der Schwerpunkt der Schlagfertigkeit im kreativen Prozess sehr zugespitzt auf der Illuminationsphase.

Auf gute Ideen zurückgreifen

Angesichts dieser Zuspitzung mag man sich fragen, ob manche Menschen ein besonderes Talent für schlagfertige Antworten besitzen, oder ob sie nicht einfach nur ein großes Repertoire an angemessenen Äußerungen auf Lager haben, die sie abrufen. Zweifellos ist beides der Fall: Denn einerseits kann man selbst mit einem großen Repertoire nicht jede neue Situation meistern; andererseits ist es auch nicht nötig, darauf zu verzichten, einen guten Konter mehrmals anzubringen.

Scheuen Sie sich nicht, einen guten Konter ein zweites Mal anzubringen! Das ist völlig legitim.

Schöpfen aus dem Repertoire

Viele schlagfertige Menschen erweitern ihr Repertoire ständig aktiv. So hat es sich ein Freund von mir, den ich für sehr schlagfertig halte, zur Gewohnheit gemacht, mich nach jedem besonderen »Treffer«, den er in einem Gespräch erzielt hat, anzurufen und ihn mir mitzuteilen. Damit erreicht er, dass sich diese schlagfertige Äußerung nicht einfach irgendwo in den Windungen seines Gehirns verliert, sondern dass er sich nochmals bewusst damit auseinander setzt. Praktisch ist dies die Evaluationsphase von Poincaré, die Phase der Bewertung, nur dass sie hier erst Minuten oder Stunden nach der eigentlichen Äußerung stattfindet und nun nur noch die Funktion hat, die Äußerung im Repertoire zu verfestigen.

Spontane Assoziation

Dass die ersten beiden Phasen des kreativen Prozesses bei schlagfertigen Menschen so extrem verkürzt sind, liegt teilweise auch daran, dass sie die Fähigkeit haben, sofort an die Äußerung des Gegenübers anzuknüpfen. Die Psychologen bezeichnen dies als *spontane Assoziation*. So erzählte mir ein Personalentwickler einer großen deutschen Fluggesellschaft, dass eine Stewardess auf die unverschämte Frage eines Passagiers: »Seit wann fliegt denn Ihre Fluggesellschaft Kühe?« sofort konterte: »Seitdem wir Bauern befördern.« In einem anderen Fall war es zweifellos das bereits vorhandene Repertoire an Äußerungen, welches ihr die Oberhand bescherte. Der Fluggast sagte zu ihr: »Sie Rindvieh!« Worauf sie seelenruhig konterte: »Und Sie sind ein Gentleman. Es kann aber auch sein, dass wir uns beide geirrt haben.«

Entscheidend ist, dass man möglichst unmittelbar an die Argumentation seines Gesprächs- oder Streitpartners anknüpft. Dabei kann man je nach Situation sogar den Satzbau oder ganze Satzbestandteile seines Gegenübers übernehmen. Als sich einmal ein Professor der Philosophie und ein Professor der Betriebswirtschaft über etwas stritten, machte der Philosoph die spöttische und wahrhaft philosophische Bemerkung: »Der Sinn von Planung besteht darin, den Zufall in den Irrtum zu verwandeln!« Der Betriebswissenschaftler überlegte nicht lange und konterte: »Und der Sinn von Philosophie besteht darin, das Unbegreifliche in das Unverständliche zu verwandeln!«

> Das menschliche Denken ist ein gigantisches Netz von Assoziationen.

Ist Schlagfertigkeit angeboren?

Da Kreativität einen echten biologischen Überlebensfaktor für die Menschheit darstellt, liegt die Vermutung nahe, dass sie eine angeborene Fähigkeit ist. Das bedeutet jedoch nicht, dass diejenigen, die glauben, nicht damit gesegnet zu sein, nun resignierend mit dem Hinweis auf ihr falsches Erbgut aufgeben müssen. Kreativität ist wahrscheinlich eine Grundfähigkeit, die bis zu einem gewissen Ausmaß allen gesunden Menschen angeboren ist. Sie wird nur bei einigen Menschen bereits in früher Kindheit – z. B. durch kreativitätsfördernde Spiele – stärker angeregt als bei anderen, und bei vielen wird dieses Talent in der Kindheit geradezu unterdrückt.

Wer schon als kleines Kind in einer kommunikationsfördernden Umgebung aufgewachsen ist, hat natürlich mehr Glück und Sprachtalent als derjenige, dem man in der Kindheit stets den Mund verboten hat. Dies ist in einer mehr oder weniger ausgeprägten Form bei recht vielen Menschen der Fall, denn wissenschaftlichen Untersuchungen zufolge wer-

Was ist Schlagfertigkeit?

den Kinder in der Schule für Originalität eher getadelt als gelobt. Was Wunder, dass später so viele ein Defizit in ihrer Schlagfertigkeit verspüren! Aber solche Versäumnisse in der Erziehung lassen sich ja nachholen.

❗ Trainieren Sie Ihr brachliegendes Potenzial

Wenn Sie sich mit Ihren Fähigkeiten beschäftigen, sollten Sie sich zunächst einmal fragen, was die Entfaltung Ihres Potenzials bislang behindert hat oder inwieweit es zumindest nicht weiter gefördert wurde.

- ▶ Wie frei durften Sie als Kind Ihre Meinung im Elternhaus oder in der Schule äußern?
- ▶ Haben Sie in der Schule freie Referate gehalten, und wie war die Reaktion der Lehrer oder der Mitschüler darauf?
- ▶ Führten Sie in der Schule oder zu Hause viele Diskussionen?
- ▶ War Ihre berufliche Ausbildung rein fachlicher Art, oder wurden Ihnen auch kommunikative Fähigkeiten vermittelt?
- ▶ Mussten oder müssen Sie im privaten Bereich oder in Ihrer beruflichen Tätigkeit viel sprechen? Wenn ja, haben Sie das jemals systematisch trainiert?

Wenn Sie diese Fragen überwiegend einschränkend oder gar negativ beantworten, haben Sie bereits einen Hinweis darauf, warum sich Ihre angeborenen Gaben bisher so wenig gezeigt haben. Da sie nicht gefordert wurden, wurden sie auch nicht gefördert. Im schlimmsten Falle wurden sie sogar unterdrückt, und es bauten sich Hemmungen auf.

Kreativität ist eine angeborene Fähigkeit. Jeder Mensch hat ein kreatives Potenzial, doch nicht jeder nutzt es.

Alle diese Überlegungen deuten jedoch schon an, dass es aus dieser Situation einen Ausweg gibt: Training. Es mag so sein, wie die Genforscher es gern beschreiben, dass der Mensch in etlichen Bereichen ein Produkt seiner Gene ist und damit angeborene Grenzen existieren. Diese Grenzen werden jedoch von den meisten Menschen noch nicht einmal im Ansatz ausgeschöpft. Wagen Sie sich also daran, durch Training Ihrer Schlagfertigkeit Ihre jetzigen vermeintlichen Grenzen hinter sich zu lassen und sich mit durch Übung erweiterten Fähigkeiten einmal Ihren tatsächlichen Grenzen anzunähern!

Auch der Hinweis darauf, dass man bestimmte Dinge wie z. B. motorische Fähigkeiten (also etwa Radfahren oder Schwimmen) in der Kindheit besser lerne als im Erwachsenenalter, muss vor den Erkenntnissen der Lernforschung kapitulieren: Diese zeigen, dass emotionale und kognitive Fähigkeiten – und auf diesen baut die Schlagfertigkeit auf – auch in fortgeschrittenem Alter noch deutlich zu entwickeln sind. Mit anderen Worten: <u>Verbessern kann sich jeder!</u>

Hemmungen und Angst – die zwei Bremser

Dieses Phänomen haben Sie bestimmt auch schon beobachtet: In trauter Runde unter Freunden, unterstützt vielleicht noch durch ein paar Glas Bier, haben viele Menschen überhaupt keine Probleme, flüssig und – je nach Temperament – auch noch witzig zu sprechen. Kaum aber ist ihnen der Gesprächspartner fremd, oder sie befinden sich in einer ernsteren, z. B. beruflichen Situation, haben sie plötzlich Hemmungen, die sie nicht überwinden zu können glauben.
Vielleicht geht es Ihnen auch so? Dann ist es zunächst wichtig, sich klarzumachen, dass (fast) jeder flüssig sprechen kann. Schlagfertigkeit scheitert seltener daran, dass man eine sprachliche Fähigkeit nicht hat, als daran, dass man etwas zu viel hat: Hemmungen und Angst.

Die Angst vor den Mitmenschen

Es ist schon hilfreich, sich die Natur dieser Hemmungen einmal vor Augen zu führen. Stellen Sie sich beispielsweise vor, Sie sollen zu einer wichtigen Angelegenheit mit einigen Sätzen Stellung nehmen. Die Angst, etwas Unsinniges zu sagen, ist in der Regel noch schwach, wenn nur der Partner oder die Partnerin zuhört oder Ihr Publikum aus ein paar guten Freunden besteht. Vielleicht haben Sie ja Hemmungen, aber sie halten sich in Grenzen. Um wie viel schlimmer aber empfinden Sie den Vortrag wohl, wenn zehn Fachleute Ihre Zuhörer sind und Sie danach kritisch beurteilen? Wir haben offenbar weniger Angst vor dem Sprechen selbst als vor denen, die uns dabei zuhören. Womit wir es hier zu tun haben, ist ganz einfach das »Was glaube ich, was andere von mir denken?«-Syndrom.

Viele Menschen haben Hemmungen, vor einer größeren Zahl von Zuhörern zu sprechen.

Unser Bild von uns selbst und von den anderen
Man kann davon ausgehen, dass die meisten Menschen eine Meinung von sich selbst haben, d. h., dass sie sich selbst für gut oder schlecht, stark oder schwach, intelligent oder naiv, fähig oder unfähig usw. halten. Diese Einschätzungen können als Einschätzungen erster Art bezeichnet werden.
Ferner haben die meisten Menschen auch eine bestimmte Meinung zumindest über diejenigen Menschen, mit denen sie häufiger zu tun ha-

ben. So haben viele von ihrem Partner oder der Partnerin eine relativ günstige Meinung, dem Chef gegenüber hegen sie vielleicht eher Skepsis, und von Politikern aller Parteien, gleich ob sie sie nun wirklich kennen oder nicht, denken sie in zunehmendem Maße schlecht. Dies alles sind Einschätzungen zweiter Art.

Einstellungen erster und zweiter Art sind uns meist geläufig und beeinträchtigen das menschliche Miteinander insofern wenig, als sie für gewöhnlich anderen mitgeteilt werden können. Es handelt sich um Einstellungen, aus denen man zumindest in einer freien Gesellschaft und gegenüber seinen Freunden kein Geheimnis macht. Damit ist die Umwelt auch in der Lage, in gewissen Grenzen darauf zu reagieren. Kommt es in Folge dieser Einstellungen zu Kommunikationsstörungen, so sind diese prinzipiell behebbar, indem man sich darüber unterhält.

»Was werden die anderen bloß von mir denken ...«

Ganz anders verhält es sich mit einer dritten Art von Einstellungen, die häufig die Einstellungen erster Art verdrängen. Es ist das Bild von uns, das wir in den Augen anderer wahrzunehmen glauben und das sich an der Frage festmacht: »Was glaube ich, was die anderen von mir denken?« Diese Art von Einstellungen hat gegenüber den Einschätzungen der ersten und zweiten Art den Nachteil, dass sie nicht oder nur selten hinterfragt wird. Da wir allzu oft hinreichend gut zu wissen glauben, was andere von uns denken, stellen wir diesen großen Umweg unserer Meinungsbildung über uns selbst gar nicht in Frage.

Das Prinzip der sich selbst erfüllenden Prophezeiung

Mit seinen Gedanken kann man sein Handeln und seinen Erfolg steuern. Wer positiv denkt, dem gelingt vieles leichter.

»Was werden die anderen von mir denken, wenn ich jetzt rot werde?« – »Was werden meine Zuhörer denken, wenn ich etwas Falsches sage?« Das sind Sätze, mit denen man sich mit etwas Talent bis zum Zustand einer geistigen Ohnmacht paralysieren kann. In unserer Kindheit hieß das noch ein wenig anders, damals sagte die Mutter vielleicht: »Kind, zieh dir etwas Sauberes an und wasch dir die Hände, was sollen denn unsere Gäste von uns denken, wenn sie dich so sehen?« Solche Denkmuster pflegen sich über Jahre und von Generation zu Generation fortzupflanzen.

Das wäre alles nicht weiter schlimm, wenn das »Was glaube ich, was andere von mir denken?«-Syndrom nicht von dem Prinzip der sich selbst erfüllenden Prophezeiung begleitet würde. Darunter versteht man das Phänomen, dass Erwartungen, die man in Bezug auf die eigene Zukunft hat, tatsächlich häufig eintreten – aber nicht etwa von »geheimnisvollen Kräften« verursacht, sondern von der eigenen Vorstellung und Erwartungshaltung unbewusst in die entsprechende Richtung getrieben. Wer z. B. vor einem großen Publikum steht und das Glück hat, dass ihm ausgerechnet in dem Moment, in dem er etwas Wichtiges sagen will, der geniale Einfall kommt, wie katastrophal es wäre, ausgerechnet jetzt zu stottern oder rot zu werden, wird die unbeschreibliche Erfahrung machen, dass ihm nun tatsächlich die Stimme versagt oder er mit hochrotem Kopf den ganzen Saal überstrahlt.

Hemmungen und Angst reduzieren

Hier hilft man sich zunächst, indem man sich selbst als den geistigen oder seelischen Urheber dieses Desasters ausmacht. Danach sollte man sich fragen, wie tragisch denn beispielsweise kleinere Versprecher, ein oder auch mehrere »Ähs« oder auch ein roter Kopf wirklich sind. In Rhetorikkursen mit Video-Übungen machen die Teilnehmerinnen und Teilnehmer immer wieder die heilsame Erfahrung, dass ein großer Teil der bei sich selbst vermuteten oder festgestellten Schwächen vom Publikum gar nicht bemerkt wird. Und selbst wenn das anders sein sollte: Wem würden Sie eher glauben – jemandem, der rhetorisch geschliffen spricht und der aalglatt auf Sie wirkt, oder jemandem, dem Sie anmerken, dass er bei dem, was er sagt, noch überlegen muss? Doch selbst wenn Sie dem rhetorisch brillanten Gesprächspartner den Vor-

Tappen Sie nicht in Ihre eigenen Gedankenfallen; malen Sie sich nicht aus, was alles schief gehen könnte.

zug geben sollten: Diese Kunst ist erlernbar! Wie, das werden Ihnen die nächsten Kapitel dieses Buches noch zeigen. Wichtig ist zuallererst einmal eines: Machen Sie sich über Ihre Schwächen nicht so viele Gedanken. Trainieren Sie lieber Ihre Stärken!

Überprüfen Sie Ihr Horrorszenario!

Hinter Redehemmungen stehen oft nicht triftige Gründe, sondern diffuse Befürchtungen. Geben Sie diesen nicht einfach nach, sondern beschäftigen Sie sich bewusst mit ihnen. Überlegen Sie: Was geschieht wirklich, wenn Sie in einer kritischen Situation versagen? Welche Folgen hätte es, wenn Sie in einer Prüfung überfordert sind, bei einem Vortrag ins Stocken kommen oder bei einem Kundengespräch nicht die richtigen Argumente parat haben? Und: Wie realistisch ist das Horrorszenario, das Sie sich von dem entscheidenden Moment ausgemalt haben? Lässt sich die Prüfung nicht wiederholen? Können Sie in einem Vortrag eine Wissenslücke nicht einfach zugeben? Warum nicht über einen eigenen Versprecher lachen? Müssen Sie in einem Kundengespräch sofort mit Sachkenntnis glänzen, oder sollten Sie Ihren Kunden nicht ohnehin besser erst einmal fragen, was er im Detail will? Kann nicht auch einfach alles gut gehen?
Versucht man auf diese Art und Weise, seine Ängste und Hemmungen in klare Worte oder Gedanken zu fassen und sie zu konkretisieren, erweisen sie sich einem selber nicht selten als »nur halb so schlimm« oder gar als unbegründet.

Anspannung und Entspannung im Gleichgewicht

Trösten Sie sich: Auch bekannte Persönlichkeiten leiden unter Lampenfieber.

Machen Sie sich zudem bewusst, dass ein gewisses Maß an Anspannung für eine gute Leistung unerlässlich ist. Sie darf nur ein gesundes Maß nicht überschreiten. Angst lähmt nicht nur, sondern die damit verbundene Anspannung gibt Ihnen auch große Kraft. Schlagfertig zu kontern ist nichts anderes als ein Wettkampf mit Worten. Es kann gar nicht das Ziel sein, völlig ohne Angst in einen Wettkampf bzw. in eine herausfordernde Situation zu gehen, denn ohne entsprechende Anspannung wartet man auf das treffende Wort wahrscheinlich vergeblich.
Diese Einsicht hilft einem möglicherweise aber nur beschränkt weiter, wenn die Anspannung im Vorfeld einer schwierigen Situation so stark geworden ist, dass sie einen eher behindert, als dass sie positive Energien freisetzt. Doch hier kann man versuchen, sich mit einer einfachen Entspannungsübung helfen.

> **Keine Angst vor der Angst – Angst als Quelle der Kraft**
>
> Der Kugelstoßer, Diskus- und Hammerwerfer Karl-Heinz Wendel, mit dem ich früher ab und zu ein gemeinsames Krafttraining betrieb, war über viele Jahre hinweg stets in mindestens zwei seiner Disziplinen Altersweltmeister. Er hatte in der Regel keine Probleme, so etwas Nachrangiges wie eine Kreismeisterschaft zu gewinnen. Trotz seiner jahrzehntelangen Wettkampferfahrung hatte er aber stets Angst, zu verlieren oder auch nur eine schlechte Platzierung zu erzielen. Eines Tages, nach einer großen Zahl von Erfolgen, ging er ausnahmsweise ohne diese Angst und Anspannung an den Start. Die Konsequenz war, dass der Diskus nicht wie gewohnt flog und er aus dem Wettkampf ausschied. Danach aber regte er sich wieder so auf, dass er in der Folge wieder jeden Wettkampf gewann.

Richtiges Atmen entspannt

Führen Sie sich die erste Minute der stressauslösenden Situation vor Augen, denn zu Beginn eines Vortrags oder Gesprächs hat ein Scheitern meist die übelsten Folgen, während ein Anfangserfolg spätere Fehler oft kaschiert. Mit welchen Menschen werden Sie zu tun haben, wie werden diese aussehen, wo werden sie sitzen? Wie werden Sie den Blickkontakt aufnehmen? Wo werden Sie selbst stehen oder sitzen? Wenn Sie bei diesen Gedanken unruhig werden, dann konzentrieren Sie sich auf Ihre Atmung. Atmen Sie langsam und tief. Gehen Sie in Ihren Gedanken erst wieder zurück in die Situation, wenn die Anspannung erträglich ist. Atmen Sie bewusst ein und aus. Holen Sie tief Luft, halten Sie die Luft für einen kurzen Moment an, und atmen Sie dann bewusst und genussvoll wieder aus. Sie werden feststellen, dass dies einen guten, entspannenden Effekt hat. Während man bei starkem Stress eher flach und schnell atmet, zwingt man sozusagen über die Atmung Ruhe in sein Nervensystem, so, als würde über das Atemzentrum signalisiert, dass die Gefahr verschwunden ist.

Richtiges Atmen steigert das körperliche und seelische Wohlbefinden.

Ganz nebenbei erklärt dies auch den entspannenden Effekt einer Zigarette bei Rauchern, der nicht allein auf Nikotin oder einen der anderen Inhaltsstoffe zurückzuführen ist, sondern u. a. auf den Vorgang des bewussten Ein- und vor allem Ausatmens. Es sei darum versichert, dass dieser entspannende Effekt auch ohne Rauch eintritt.

Wenn Sie öfters unter starker Anspannung leiden, sollten Sie erwägen, für Ihr körperliches und seelisches Wohlbefinden eine Entspannungsmethode zu erlernen, beispielsweise die progressive Muskelentspannung nach Jacobson oder das autogene Training. Darüber hinaus gibt es noch viele andere Entspannungsverfahren, von Feldenkrais über Kinesiologie bis hin zum Qi Gong. Informieren Sie sich darüber z. B. in der Fachliteratur, und suchen Sie sich eine Methode aus. Zwar sind diese Entspannungstechniken nicht vom einen auf den anderen Tag erlernbar, auf längere Sicht gesehen sind sie aber sehr wirkungsvolle Wege zur Stressbekämpfung.

Test: Wie sehen Sie sich selbst, wie sehen andere Sie?

Sollten Sie nach alledem immer noch davon überzeugt sein, dass die Meinung, die andere von Ihnen haben, für Sie sehr wichtig ist, so versuchen Sie wenigstens herauszufinden, wie diese Meinung aussieht! Dann brauchen Sie sich nicht mehr in fruchtlosen Spekulationen und Grübeleien zu ergehen und wissen immerhin, wo in den Augen Ihrer Mitmenschen Ihre Schwächen und Stärken liegen. Machen Sie mit einem Menschen, von dem Sie glauben, dass er Sie einigermaßen gut kennt und ehrlich ist, doch einfach folgenden kleinen Test.

Füllen Sie zunächst die Tabelle auf der nächsten Seite aus, in der Sie sich selbst beurteilen sowie die Ansicht einschätzen, die der Partner, die Partnerin von Ihnen hat. Diese Seite ist nur für Sie bestimmt, und es ist allein Ihre Entscheidung, ob Sie sie jemandem zeigen. Bitten Sie danach den Partner, die Partnerin, dass er bzw. sie Sie in der zweiten Tabelle einschätzt (falls Sie die Tabellen zuvor kopieren möchten, entbinden wir Sie für diese beiden Seiten des Buches vom Kopierverbot). Sehen Sie sich schließlich die Seite an, auf der der Partner, die Partnerin Sie eingeschätzt hat. Haben Sie sich jemanden ausgesucht, der ehrlich ist und nicht zu Gefälligkeitsgutachten neigt, so erfahren Sie nun, was der oder die andere wirklich denkt. Sie können dies nun mit den Ansichten vom ersten Bogen vergleichen und sich über die Übereinstimmungen freuen oder über die Abweichungen ein partnerorientiertes Gespräch führen.

Bedenken Sie jedoch eines: Gleich, ob Sie freudig die Zahl der »Treffer« ermitteln oder stirnrunzelnd eine Abweichung von zwei oder drei Punkten zur Kenntnis nehmen – letztlich können Sie auch mit einem solchen Test lediglich die Übereinstimmung oder Abweichung zweier Vorurteile überprüfen: das eine, das Sie von sich haben, und das andere, das Ihr Partner bzw. Ihre Partnerin von Ihnen hat. Aber auch das kann ja schon aufschlussreich sein und Sie zumindest einen Schritt auf dem Weg zur Selbsterkenntnis weiterbringen.

Der Test hilft Ihnen zu ermitteln, wie andere Sie sehen. Diese Einschätzung können Sie mit Ihrem Selbstbild vergleichen.

Selbstbild und Fremdeinschätzung

Einschätzungen erster und dritter Art

Dieser Bogen bleibt bei Ihnen. Markieren Sie in der Tabelle:
So sehe ich mich selbst (x).
So glaube ich, von dem Partner, der Partnerin gesehen zu werden (o).

	trifft eher nicht zu			trifft eher zu	
	−2	−1	0	1	2
kontaktfreudig					
geduldig					
ruhig					
zielstrebig					
beherrscht					
optimistisch					
ehrgeizig					
selbstsicher					
aggressiv					
aufgeschlossen, offen					
impulsiv					
tolerant					
sachlich, nüchtern					
warmherzig					
dominant					
kompromissbereit					
einfühlsam					
kritisch, überlegt					
autoritär					
zurückhaltend					
humorvoll					
fleißig					
gewissenhaft					
temperamentvoll					
kreativ					

Welches Bild haben Sie von sich selbst? Welche Eigenschaften treffen auf Sie zu?

Hemmungen und Angst – die zwei Bremser

Einschätzungen zweiter Art

Dieses Blatt händigen Sie bitte Ihrem Testpartner bzw. Ihrer Testpartnerin aus und bitten ihn oder sie, in der Tabelle mit einem Kreuzchen zu markieren, wie er oder sie Sie sieht.

Bitte antworten Sie möglichst ehrlich: Wie schätzen Sie den Testpartner, die Testpartnerin ein?

	trifft eher nicht zu		trifft eher zu		
	−2	−1	0	1	2
kontaktfreudig					
geduldig					
ruhig					
zielstrebig					
beherrscht					
optimistisch					
ehrgeizig					
selbstsicher					
aggressiv					
aufgeschlossen, offen					
impulsiv					
tolerant					
sachlich, nüchtern					
warmherzig					
dominant					
kompromissbereit					
einfühlsam					
kritisch, überlegt					
autoritär					
zurückhaltend					
humorvoll					
fleißig					
gewissenhaft					
temperamentvoll					
kreativ					

Die Grundlagen
des Argumentierens

Dass unsere Sprache bestimmten Regeln folgt, hat in der Schule jeder – je nach Begabung leid- oder lustvoll – erfahren. In diesem Kapitel geht es auch um die Sprache, allerdings nicht um die Regeln der Rechtschreibung, Grammatik oder Zeichensetzung, sondern um solche Kenntnisse, die unter dem Gesichtspunkt des schlagfertigen Konterns notwendig sind, um die Wirkung einer sprachlichen Äußerung abschätzen zu können. Es geht zudem um die Grundlagen und Voraussetzungen, die einem Argument die gewünschte Wirkung oder Schlagkraft verleihen.

Rhetorik

Die Rhetorik ist eines der ältesten Lehrfächer überhaupt. Als ehemaliger Bestandteil der Philosophie wurde sie schon im antiken Griechenland als »Redekunst« und als die »Wissenschaft von den Regeln und Gesetzen des zweckmäßigen Sprechens« an eigens dafür geschaffenen Rednerschulen gelehrt. Spätestens durch die griechischen Sophisten wurde sie in ein festes System gebracht und konnte sich bis ins 19. Jahrhundert als Lehr- und Unterrichtsfach an Schulen und Hochschulen behaupten. Und auch heute noch kommt der Rhetorik ein hoher Stellenwert zu – nicht zuletzt, weil sie Werbefachleuten, Politikern, Wirtschaftsmagnaten und anderen in unserer modernen Gesellschaft wirksame und mächtige Mittel zur Beeinflussung der Menschen an die Hand gibt.

> Die Rhetorik beschäftigt sich mit den Regeln und der Kunst der Rede.

Wie die Endung *-ik* signalisiert, ist die Rhetorik nicht eine dem Erkenntnisgewinn verpflichtete, »reine« Wissenschaft wie die Wissenschaften, die auf die Endung *-logie* auslauten (wie die Biologie, Physiologie, Technologie etc.), sondern sie ist eher eine nach pragmatischen Gesichtspunkten gestaltete Anwenderwissenschaft (wie die Logik, Technik, Informatik etc.). Die Rhetorik verfolgt also ein praktisches Ziel, und dieses Ziel ist es, was sie zeitweilig in Verruf bringt: Die erklärte Absicht der Rhetorik, andere Menschen zu überzeugen und sie etwas ganz Bestimmtes glauben zu machen, erweckt in vielen den sicherlich nicht immer unbegründeten Verdacht, es mit einer Sammlung raffinierter Manipulationstechniken zu tun zu haben. Da zudem die un-

Die Grundlagen des Argumentierens

angenehmeren Vertreter der berufsmäßigen Vielredner rhetorische Tricks mit dem Ziel einsetzen, Recht zu behalten ohne Recht zu haben, genießt die Rhetorik häufig den zweifelhaften Ruf eines Instrumentariums für unseriöse Politiker und verschlagene Verkäufer.

Und tatsächlich werden rhetorische Kniffe manchmal nicht mit dem Ziel eingesetzt, den Gesprächspartner objektiv oder rational zu *überzeugen*, sondern lediglich mit der Absicht, ihn subjektiv oder emotional zu *überreden*, d. h., ihn für eine Weile zu beeindrucken, gefügig oder gar mundtot zu machen, um so ungestört die eigenen Gesprächsziele verfolgen zu können. Auf kurze Sicht können solche Überredungskünste oder rhetorische Angriffe durchaus erfolgreich sein; der Gesprächspartner muss sich – zumindest für den Moment – geschlagen geben. Sympathien erwirbt man bei einem derartigen Gebrauch der Rhetorik auf lange Sicht allerdings selten. Der Zuhörer verharrt bisweilen lediglich in einer vorübergehenden Handlungsunfähigkeit nach dem Motto: »Dazu fällt mir zwar jetzt nichts ein, aber ich glaube dir trotzdem kein Wort.«

> Wer auf Dauer glaubwürdig bleiben will, sollte nicht zu oft zu fragwürdigen rhetorischen Tricks greifen.

Schlagfertig kontern – Rhetorik als Mittel gegen Rhetorik

Rhetorische Techniken sollen immer etwas bewirken, sie sollen den Gesprächspartner anregen, aufregen, beruhigen, umstimmen oder zum Schweigen bringen. Auf jeden Fall sollen sie in dem Angesprochenen eine vom Sprecher beabsichtigte Gemütsregung oder Verhaltensweise auslösen. Damit wird deutlich, warum Sie sich in diesem Buch mit der Rhetorik beschäftigen sollen: Vielfach sind es nämlich rhetorische Wendungen oder Tricks, gegen die Sie sich schlagfertig zur Wehr setzen müssen. Dazu aber sollten Sie zum einen den Gebrauch dieser Techniken rechtzeitig erkennen, zum anderen sollten Sie sie für einen erfolgreichen Konter in gewissen Grenzen auch selbst einsetzen können.

Mit der Rhetorik Verstand und Gefühl ansprechen

Eng verbunden mit der Rhetorik und ihren Wirkungszielen sind zwei weitere Disziplinen: die Logik und die Psychologie. Bildlich gesprochen wird mit der ersten der Kopf und mit der zweiten der Bauch bedient, und beides ist für eine erfolgreiche Rhetorik von großer Bedeutung. So konterte der Politiker Franz-Josef Strauß laute Zwischenrufe aus den Reihen der Zuhörer häufig mit dem Satz: »Politik wird mit dem Kopf, nicht mit dem Kehlkopf gemacht!« Damit erreichte er zweierlei: Seine Gegner forderte er auf, ihren Verstand zu gebrauchen, und seine Anhänger merkten die Wirkung im wahrsten Sinne des Wortes im Bauch, denn wie er selbst einmal zugab: »Dieser Einwand hat immer wieder seine Wirkung getan – ein Publikum, das lacht, steht schon weitgehend auf der Seite des Redners.«

Die Logik wendet sich an die Vernunft der Zuhörer und schafft das intersubjektive, d. h. die einzelnen Menschen verbindende Band. Was im philosophischen, mathematischen oder auch nur im alltäglichen Sinn »logisch« ist, tritt zugleich mit dem Anspruch auf, für jeden verständlich und damit verbindlich zu sein. Die Psychologie hingegen versucht, der subjektiv-emotionalen Komponente bei der Rhetorik auf den Grund zu gehen. Bereits bei Aristoteles findet man eine rhetorische Affektenlehre, die betont, dass eine gute Rede nicht nur beweisend und überzeugend sein muss, sondern dass ein Redner seine Zuhörer auch in die richtige Stimmung versetzen muss.

Psychologie

Die Psychologie ist für die Rhetorik von erheblicher Bedeutung. So wird ein guter Redner z. B. versuchen, bei seinem Gesprächspartner möglichst angenehme Assoziationen zu wecken. Er wird sich bemühen, Worte, Gestik und Mimik in Einklang mit den Erwartungen und Möglichkeiten seines Gegenübers zu bringen und ein Gefühl von Gemeinsamkeiten, ein Wir-Gefühl, oder aber den Eindruck von verlässlicher Kompetenz zu erzeugen. Ist ihm das gelungen, so ist es kein weiter Weg mehr bis zu dem Punkt, an dem der Zuhörer seine Sympathie oder Achtung vom Sprecher auf das Gesagte überträgt und willig den Ausführungen des vermeintlichen Freundes oder Experten folgt. Wer hingegen durch Arroganz oder Kälte seinen Zuhörer verunsichert oder verärgert, muss sich nicht wundern, wenn dieser einer mit noch so viel Sorgfalt und Sachkenntnis aufgebauten Argumentation nicht folgen oder glauben möchte, so als wolle er sagen: »Vielleicht bin ich im Unrecht, aber du überzeugst mich nicht, denn ich kann nicht glauben, dass sich die Wahrheit einen derart üblen Propheten sucht.«

Ein guter Redner überzeugt seine Zuhörer nicht nur mit sachlichen Argumenten, sondern auch auf der Gefühlsebene.

Um in Gesprächen, Diskussionen oder Vorträgen gute Überzeugungsarbeit zu leisten, ist es also notwendig, nicht nur die rein sachliche und rationale, sondern auch die emotionale und zwischenmenschliche Ebene zu berücksichtigen, die es bei jedem Austausch gibt. Denn die meisten Menschen sind bei weitem nicht so vernünftig und sachorientiert, wie sie nach außen hin scheinen mögen. Wer in wichtigen Gesprächen niemals Gefühle offenbart, ist mit großer Wahrscheinlichkeit wahrhaftig »beherrscht«, nämlich von Unsicherheit oder neurotischen Zwängen, nicht aber von seinem Verstand, denn dieser hat keine Abneigung gegen Gefühle. Insbesondere Männer in höheren Bildungsstufen (aber nicht

Die Grundlagen des Argumentierens

Ein Gespür für die emotionale Wirkung eines Gesprächsbeitrags ist oft mehr wert als das Erfassen der sachlichen Bedeutung.

nur sie) kokettieren mitunter mit ihrer zur Schau gestellten Sachlichkeit und vergessen völlig, dass solche Eitelkeit den Verstand vernebeln kann. Möglicherweise sind sie aber auch nur in jener Illusion befangen, die der spöttische Aufklärer Georg Christoph Lichtenberg in einem Aphorismus treffend gekennzeichnet hat: »Es gibt Leute, die glauben, alles wäre vernünftig, was man mit einem ernsthaften Gesicht tut.«

Emotionen gezielt provozieren

Eine erfolgreiche Gesprächsführung konzentriert sich also nicht ausschließlich auf die rationale Argumentation, sondern berücksichtigt auch die Tatsache, dass der Mensch kein perfektes *animal rationale*, sondern lediglich ein vernunftbegabtes Lebewesen ist, das auch Gefühle, Empfindungen und Leidenschaften hat, die manchmal geradezu irrational sein können. Diese Erkenntnis nutzen hinterhältige Zeitgenossen gelegentlich sogar aus, indem sie ihren Gesprächspartner bewusst aggressiv und böse stimmen und so den Adrenalinstoß in die Blutbahn des Gegners provozieren, genau wissend, dass der andere in einer solch starken emotionalen Stresssituation zu keinem klaren Gedanken und keiner überzeugenden Gegenwehr mehr in der Lage ist.

Die möglichen Boshaftigkeiten in dieser Richtung sind zahllos, und wenn einige davon in diesem Buch vorgestellt werden, so geschieht dies keineswegs in der Absicht, aus Ihnen einen rhetorischen Übeltäter zu machen oder den Boshaftigkeiten auf dieser Welt noch ein paar weitere hinzuzufügen. Sie können sich allerdings gegen derartige Techniken nur zur Wehr setzen, wenn Sie sie als solche erkennen. So wird vielleicht das Kennenlernen einiger rhetorischer Wendungen dazu beitragen, dass Sie sich in der entsprechenden Situation daran erinnern und somit gewarnt sind.

Bevor wir zu den einzelnen Kniffen kommen, müssen jedoch noch ein paar Bemerkungen zu der zweiten wesentlichen Säule der Rhetorik gemacht werden, der Logik.

Logik

Es hat sich im alltäglichen Sprachgebrauch eingebürgert, jede plausible Behauptung mit der Bemerkung »logisch« zu akzeptieren. Aber was ist überhaupt logisch? Und entspricht das, was logisch ist, auch der Realität? Dass Logik und Wirklichkeit nicht identisch sein müssen, das beweist allein die Tatsache, dass in der Rhetorik oft die unsinnigsten Thesen mit einer logischen Tünche überzogen und dem Publikum dargeboten werden. Wie das funktionieren kann, zeigt folgendes Beispiel.

Logische Beweisführung

Meine Veranstaltungen zum Thema Rhetorik leite ich häufig mit einer kleinen Demonstration ein. Ich wende mich mit einem freundlichen Lächeln an meine Zuhörer und stelle die rhetorische Frage: »Sie alle kennen doch gewiss aus der Mathematik den Lehrsatz:
Wenn $A \times C = B \times C$ ist,
dann ist $A = B$?«
An dieser Stelle ist es von besonderer Bedeutung, dass man sich diese Voraussetzung abnicken lässt, d. h., man schaut sich kurz zustimmungsheischend um, wartet, dass ein paar Zuhörer verständnisvoll mit dem Kopf nicken, und fährt dann in der Beweisführung fort:
»Nun gilt aber $3 \times 0 = 5 \times 0$.
Nach der obigen Voraussetzung folgt demnach: $3 = 5$.«
Spätestens an dieser Stelle fällt den Zuhörern auf, dass die Beweisführung fehlerhaft ist. Die Voraussetzung, der angebliche Lehrsatz, ist unvollständig und damit fehlerhaft, da er um die Einschränkung hätte ergänzt werden müssen, dass C nicht gleich Null sein darf. Gerade das entgeht jedoch den Zuhörern häufig, denn man hat ihnen ja mit dem Anschein der Plausibilität an dieser Stelle ein Nicken abgerungen. Sie suchen den Fehler deshalb auch erst nach dem Nicken, also in der eigentlichen Beweisführung. Die aber ist vollkommen fehlerfrei, d. h., der Schluss von der (falschen) Voraussetzung auf die (ersichtlich fehlerhafte) Folgerung ist völlig korrekt, der Grund für das falsche Ergebnis ist deshalb nicht auf den ersten Blick sichtbar.

Nicht immer ist der Unsinn so deutlich wie in diesem Beispiel, und nicht immer wird man daher überhaupt nach einem Fehler in der Beweisführung suchen. Gewitzte Argumentationskünstler stellen falsche, aber plausibel und einsichtig wirkende Voraussetzungen auf, lassen sich diese von ihren Zuhörern kurz bestätigen (abnicken) und kommen dann in korrekten Beweisschritten zu ihrem gewünschten (fehlerhaften) Ergebnis. Diese Möglichkeit ergibt sich aus der Eigenart der Logik, die nicht ein Abbild unserer oder jedweder Art von Wirklichkeit ist. Präziser ausgedrückt: Logisch gültige Aussagen sind nicht notwendig auch realgültig, d. h., sie entsprechen nicht unbedingt der Realität. Wenn wir unter Wahrheit die Übereinstimmung einer Behauptung oder eines Satzes mit einem vorliegenden Sachverhalt verstehen, so ist die Negation, die Verneinung, dieser Behauptung offenbar falsch. Wenn

Die Logik beschäftigt sich mit den Gesetzen des folgerichtigen Denkens.

man also die Aussage »Dieses Pferd ist weiß« bejaht, so muss man die Negation dieser Aussage »Dieses Pferd ist nicht weiß« verneinen. Was aber ist, wenn sich zwei Gesprächspartner über die Zuordnung der Bezeichnung »weiß« nicht einig sind, weil z. B. der eine eine leichte Abweichung ins Gelbliche noch toleriert, der andere hingegen nicht? Unter Umständen kämen beide zu einander widersprechenden Aussagen über die Farbe desselben Pferdes und müssten demnach die Aussage des jeweils anderen als falsch verwerfen.

Auch die Kommunikation funktioniert nur, wenn zwei Menschen unter einem Begriff dasselbe verstehen.

»Wahr« und »falsch« als Begriffe der Logik

Wahrheit und Falschheit eines Satzes hängen von den in dem jeweiligen Gespräch akzeptierten Voraussetzungen ab. Selten aber bestimmt die Wirklichkeit, häufiger die Überzeugung der Gesprächspartner diese Voraussetzungen.

So werden in allen überwiegend theoretischen Wissenschaften (beispielsweise Mathematik, Rechtswissenschaften, Geisteswissenschaften etc.) die Voraussetzungen zunächst einmal geschaffen, sie sind nicht – so wie die Natur – vorgegeben. »Wahr« ist in der Folge nur, was mit diesen geschaffenen Voraussetzungen übereinstimmt. Die Übereinstimmung wird mit den Mitteln der Logik geprüft. Ergibt sich dabei eine Abweichung, so gilt die betreffende Behauptung als »logisch falsch«. »Wahr« und »falsch« sind also zwei grundlegende Begriffe der Logik, man nennt sie beide Wahrheitswerte. Sowohl wahre als auch falsche Aussagen sind somit logisch.

Schlagfertig kontern mit Logik

Der Mathematiker und Philosoph Bertrand Russell (1872–1970), der auch ein brillanter Rhetoriker war, erhielt einmal folgende provokative Anfrage: »Mr. Russell, wenn es stimmt, dass man bei Annahme falscher Voraussetzungen alles beweisen kann, dann zeigen Sie doch, dass aus 5 = 4 folgt, dass Sie der Papst sind!«

Russell konterte: »Nicht schwer! Aus 5 = 4 folgt sofort 2 = 1. Der Papst und ich sind zwei, also sind wir eins!«

Der schlagfertige Konter von Bertrand Russell zeigt, dass die Logik eine ideale Ausgangsbasis für eine schlagfertige und vor allem schlagkräftige Argumentation bietet. Eine logisch saubere Argumentation ist, sofern über die Voraussetzungen eine Einigung erzielt wurde, kaum zu knacken.

Logik und Sprache

Bisweilen gerät die Logik mit ihrer sehr präzisen Begrifflichkeit in Konflikt mit den eher vagen Bestimmungen der Umgangssprache. Manches, was im alltäglichen Sinn als logisch bezeichnet wird, hat mit Logik gar nichts zu tun. Z. B. entsprechen inhaltliche Folgebeziehungen möglicherweise der Realität, denn man kann ausnahmslos beobachten, dass alle Gegenstände, die man in den Händen gehalten hat, nach dem Loslassen nach unten fallen. Logisch ist eine solche Aussage jedoch erst dann, wenn man das Gesetz der Schwerkraft als wahr voraussetzt, und zwar unabhängig davon, ob und wie weit dieses Gesetz abgesichert ist. Die Logik schwingt sich damit zum Lehrmeister unserer Sprache auf, indem sie diese von einem Ballast bildlicher und unscharfer Formulierungen befreit. Umgekehrt kann man aus unserer Umgangssprache oder gar aus unseren Gefühlen wenig über die Logik erfahren.

Die Unabhängigkeit von der erfahrbaren Realität und die Lösung von einigen Regeln der Umgangssprache verhindern im Allgemeinen nicht, dass die Logik psychologisch im Sinne eines Arguments akzeptiert wird. Dadurch wird sie nun zu einem Instrument, mit dessen Hilfe sich so manches lieb gewonnene Denkgebäude demontieren lässt.

Logiker und Rhetoriker haben es deshalb in den vergangenen Jahrhunderten immer wieder verstanden, Wissenschaftler und Denker anderer Disziplinen mit den unterschiedlichsten logischen Spitzfindigkeiten zu

Als »Vater der Logik« gilt der griechische Philosoph Aristoteles.

Eine Paradoxie ist etwas scheinbar Widersinniges, das zugleich doch Sinn macht.

ärgern. Auf Zenon aus Elea (etwa 490–430 v. Chr.) gehen einige berüchtigte Versuche zurück, mit Hilfe von Paradoxien die Stellung der Mathematik und insbesondere den Begriff der Bewegung zu erschüttern. Einer dieser Versuche sieht in einer etwas abgewandelten Version folgendermaßen aus.

Mathematisches Rätsel?

Der große Läufer Achilles (heutzutage eher wegen seiner schwachen Ferse bekannt) beschließt eines Tages, mit einer Schildkröte um die Wette zu laufen. Der Einfachheit halber nehmen wir an, dass Achilles genau zehnmal so schnell läuft wie die Schildkröte und dass diese aus Gründen der Fairness einen Vorsprung von einem Meter bekommt. Sie laufen zur gleichen Zeit los, und in der Zeit, in der Achilles den einen Meter bis zum Startpunkt der Schildkröte zurückgelegt hat, ist die Schildkröte ganze zehn Zentimeter weitergekommen. Nachdem Achilles nun diese zehn Zentimeter aufgeholt hat, beträgt der Vorsprung der Schildkröte noch einen Zentimeter. Hat er diesen einen Zentimeter erreicht, so ist sie ihm nur noch einen Millimeter voraus, danach einen Zehntelmillimeter usw. bis in alle Ewigkeit.

In diesem Gedankenmodell holt Achilles die Schildkröte also niemals ein! Mathematiker sind ja häufig keine Rhetoriker, weshalb eine naive mathematische Berechnung sehr einfach ergeben würde, dass Achilles nach genau 1,111111... = 1 1/9 Metern der armen Schildkröte auf den Schild treten müsste.

Das Beispiel zeigt zweierlei: Es hängt viel davon ab, wie man ein Problem oder einen Lösungsweg präsentiert, um zu einem gewünschten Ergebnis zu kommen. Und: Man kann insbesondere ein Argument dadurch kontern, dass man zeigt, dass es zu absurden Konsequenzen führt. Ein anderes Beispiel (mir unbekannter Herkunft) erhellt die logischen Fallen der juristischen Argumentationskunst.

Eine Frage der juristischen Auslegung

Ein Rhetoriklehrer (ein antiker Vorläufer der heutigen Juristen) vereinbart mit seinem Schüler folgende Zahlungsweise für dessen Ausbildung: Der Schüler habe die Gebühr für die erhaltenen Stunden erst dann zu entrichten, wenn er seinen ersten Prozess geführt und gewonnen habe. Nun verstreichen Tage, Wochen und Monate, doch da der Schüler aus begütertem Hause ist, führt er keinerlei Prozess, und der alte Lehrer wartet darum vergeblich auf sein Geld. So geht er eines Tages zu seinem Schüler und erklärt ihm: »Da du scheinbar nicht gewillt bist zu zahlen, werde ich dich verklagen. In diesem Falle bleiben dir nur diese Möglichkeiten: Entweder ich gewinne das Verfahren, und das Gericht spricht mir das Geld zu, oder aber du gewinnst deinen ersten Prozess und musst gemäß unserer Vereinbarung zahlen.« Der Schüler überlegt kurz und entgegnet seinem ehemaligen Lehrmeister: »Du irrst, denn entweder bestätigt mir das Gericht, dass ich nicht zu zahlen habe, oder ich verliere die Verhandlung, aber dann ist unser Vertrag nicht berührt, und du bekommst ebenfalls kein Geld.«

Wie immer Juristen heute diesen Streit entscheiden würden: Der ursprünglich so unverfänglich wirkende Vertrag birgt offenbar erhebliche logische Tücken.

Etliche dieser logischen Tücken sind zweifellos konstruiert, d. h., man hat es hier mit so genannten Fang- oder Trugschlüssen zu tun, die im Sinne logischer Kunststücke den Verstand in die Irre führen sollen. Sehr bewandert in der stark rhetorisch orientierten Logik waren die Megariker (um 400 v. Chr.), die aus der Schule des Sokrates stammten und bisweilen auch als »die wahren Künstler der Rede, als die eigentlichen Dialektiker« bezeichnet werden. Zu einem gewissen Ruhm gelangten hier besonders die Sophismen, die Trugschlüsse, des Eubulides, auf den u. a. die bekannte Lügnerparadoxie zurückgeht: »Lügt man dann, wenn man sagt, dass man lüge?« Demnach sagt man gerade dann die Wahrheit, wenn man lügt, und so steht man schnell vor einem ausweglos erscheinenden inneren Widerspruch, einer so genannten Antinomie.

Fang- und Trugschlüsse führen das Denken aufs Glatteis. Einige antike Logiker legten es bewusst darauf an.

Schlagfertig kontern mit einer Antinomie

Einst wurde ein Mann im Frauenhaus des Averoes (persischer König aus dem Talmud) ertappt. Er durfte noch einen letzten Satz sagen und so über die Art seines Todes entscheiden. Log er, würde er gehängt, sagte er die Wahrheit, würde er geköpft. Doch mit seinem Satz schaffte er es, sich zu befreien. Er sagte: »Ich werde gehängt.« Hätten sie ihn gehängt, so hätte er die Wahrheit gesagt, und sie hätten ihn köpfen müssen. Hätten sie ihn aber geköpft, so hätte er gelogen, und sie hätten ihn hängen müssen. Da ließen sie ihn laufen.

Die Grundlagen des Argumentierens

In vielen Fällen sind Widersprüche in der Argumentation die Folge einer mangelhaften logischen Strenge in der Ausgangslage, z. B. in der wenig präzisen Definition der zugrunde gelegten Begriffe. Die daraus entstehenden logischen Mängel und Tücken sind dann oftmals sogar Bestandteil der Erklärungen der von vielen Menschen gerade wegen ihrer Logik bewunderten exakten Wissenschaften.

Wer von unklaren Voraussetzungen ausgeht, wird kaum zu klaren Folgerungen gelangen.

Eine beschränkte Erklärung

Betrachten wir einmal den Standpunkt eines naiven, kleinen Kindes, das eines Tages wissen will, warum die Gegenstände nach dem Loslassen nach unten fallen. Wir erinnern uns, dass es ein Gesetz der Schwerkraft gibt, und erklären deshalb dem Kind, dass die Gegenstände durch eine allgemein zwischen allen Körpern wirkende Kraft, die so genannte Gravitation, nach unten gezogen werden. Für eine Weile wird diese Erklärung hingenommen, doch mit der Zeit lernt das Kind dazu, und eines Tages werden wir mit der Frage konfrontiert, woraus wir denn das Gesetz der Schwerkraft ableiten. Wiederum erinnern wir uns – diesmal vielleicht an die Geschichte von Newton und dem Apfel –, und wir erklären, dass das Gesetz der Schwerkraft eine Verallgemeinerung der Beobachtung ist, dass sich Körper gegenseitig anziehen, so dass also z. B. Gegenstände nach dem Loslassen herunterfallen.

Vielleicht liegt es an der zwischen den beiden Fragen verstrichenen Zeit, dass wir nicht bemerkt haben, dass wir letztendlich behauptet haben, dass die Gegenstände fallen, weil es die Schwerkraft gibt, und diese wiederum rechtfertigen wir damit, dass die Gegenstände fallen. Hätten wir gleich behauptet, dass die Gegenstände fallen, weil sie fallen, hätte uns das Kind wahrscheinlich nicht für sonderlich klug gehalten, doch wären wir damit unserem Kenntnisstand deutlicher gerecht geworden.

Man mag daraus die Lehre ziehen, dass allgemeine Gesetze in einem bewussten Sprachgebrauch eben nichts erklären, sondern das Geschehen auf dieser Welt lediglich beschreiben. Auf jeden Fall wird deutlich, wie die Logik übertriebene Ansprüche einer wissenschaftsgläubigen Zeit auf bescheidenere Maße zu reduzieren vermag.

Die logischen Grundlagen der überzeugenden Argumentation

Jeder Argumentation liegen logische Strukturen zugrunde. Es gibt keinen stichhaltigeren Einwand gegen ein Argument als zu zeigen, dass es logisch unstimmig ist. Während sachliche Unrichtigkeit oft nicht an Ort und Stelle überprüft werden kann, weil der sachliche Bezug (etwa der behauptete Sachverhalt) nicht unmittelbar beobachtet werden kann, ist die logische Fehlerhaftigkeit sogar für Personen einsichtig, die ansonsten in einer Sache über keine Kenntnisse verfügen. Die erste Forderung, die an ein Argument zu stellen ist, ist darum die nach logischer Stimmigkeit. Logische Korrektheit ist eine Voraussetzung dafür, dass eine Argumentation nachvollzogen werden kann. Dies wiederum ist eine Voraussetzung für die eigentliche Funktion eines Arguments: die Überzeugung des Argumentationspartners oder -gegners.

Logische Unstimmigkeit ist in vielen Fällen leichter nachweisbar als sachliche Fehlerhaftigkeit.

Der Satz vom zureichenden Grund

Argumente dienen u.a. dazu, anderen Menschen etwas *aufzuzeigen* oder zu *beweisen*. Das *Aufzeigen* in einem Argument geschieht durch Beispiele. Soll lediglich nachgewiesen werden, dass etwas gelegentlich der Fall ist, so genügen einige überprüfbare Fälle, die das zu Zeigende belegen. Der *Beweis* in einem Argument setzt indes mehr voraus: Er ist der Nachweis der Richtigkeit eines Satzes aus zugestandenen Voraussetzungen mit Hilfe eines logischen Schlusses.

Soll eine Argumentation logisch zwingend sein, so müssen die verwendeten Argumente die Kriterien des zureichenden Grundes erfüllen. Gemeint ist damit, dass zur Begründung einer These nur Aussagen zugelassen werden dürfen, die sowohl für sich genommen wahr als auch zureichende Bedingungen für die Wahrheit der These sind.

So bilden z.B. die für sich wahren Aussagen, dass Schiffe bei Annäherung an den Horizont in diesen zu versinken scheinen und dass die untergehende Sonne zum Schluss nur noch die Spitzen der Häuser beleuchtet, keine zureichenden Gründe für die Behauptung, dass die Erde die Gestalt einer Kugel habe. Bewiesen wird damit nur die Tatsache einer gekrümmten Oberfläche. Zureichende Gründe wären z.B. die Aussagen, dass der Horizont an jedem beliebigen Ort der Erde einen Kreis von gleicher Krümmung bildet und dass der Erdschatten bei einer Mondfinsternis immer runde Konturen hat, da nur Kugeln einen kreisförmigen Schatten werfen, wenn sie beleuchtet werden.

Zirkelschlüsse lassen die Argumentation ins Leere laufen

Die Argumente müssen ferner Aussagen sein, deren Wahrheit unabhängig von der Wahrheit der These ist, da sie ansonsten nur einen Circulus vitiosus, d.h. einen Zirkelschluss, bilden, wie in dem zuvor geschilderten Beispiel, in dem die Schwerkraft die Erklärung für den freien Fall und dieser wiederum die Erklärung für die Schwerkraft ist.

Aber auch ohne Circulus vitiosus hat letztlich jeder korrekte logische Schluss die Form einer Tautologie – das ist eine Aussage, die in sich wahr ist: Am Ende der Beweiskette steht nicht mehr, als man zu Beginn an Voraussetzungen hineingesteckt hat. Eine Informationszunahme kann also durch einen logischen Schluss nicht erzielt werden.

Test: Wie logisch denken und argumentieren Sie?

Trainieren Sie das logische Denken! In Gesprächen ziehen Sie aus dieser Fähigkeit mit Sicherheit Vorteile.

In diesem Test können Sie Ihre Fähigkeit, logisch zu denken und zu argumentieren, überprüfen. Zum Trost sei vorweg angemerkt, dass es nur wenigen gelingt, in dem Test alle Fragen richtig zu beantworten. Das muss aber auch nicht sein, wenn Sie dadurch nur erkennen, wo Ihre Schwächen oder Denkfehler liegen. Im Schnitt sollten Sie allerdings über die Hälfte der Fragen richtig beantworten. Ansonsten sollten Sie das Ergebnis des Tests zum Anlass nehmen, sich noch einmal intensiver mit dem Thema zu beschäftigen.

Welche Antwort ist richtig?
Von den folgenden Antwortmöglichkeiten ist nur jeweils eine richtig. Kreuzen Sie bitte an, welche.

1. Wenn die Aussage »Es regnet, und es ist kalt« wahr ist, so ist auch die folgende Aussage wahr:
a) Es regnet, und es stürmt.
b) Es regnet.
c) Es regnet, und es ist nicht kalt.
d) Es regnet immer.

2. Wenn die Aussage »Immer wenn es regnet, ist die Straße nass« wahr ist, so ist auch folgende Aussage wahr:
a) Wenn es nicht regnet, ist die Straße nass.
b) Wenn die Straße nicht nass ist, so regnet es nicht.
c) Wenn die Straße nass ist, dann regnet es.

3. Es gelten folgende Aussagen:
»Alle Gräser sind grün.
Diese Pflanze ist ein Gras.«
Daraus folgt:
a) Diese Pflanze ist grün.
b) Alle Pflanzen sind Gräser.
c) Alle Pflanzen sind grün.

4. Die Verneinung der Aussage »Alle Autos rosten« ist:
a) Alle Autos rosten nicht.
b) Kein Auto rostet.
c) Es gibt mindestens ein Auto, das nicht rostet.
d) Es gibt einige Autos, die rosten.

5. Sie versprechen: »Wenn ich am Dienstag Zeit habe, dann komme ich vorbei.« Sie haben Ihr Versprechen gebrochen, wenn
a) … Sie keine Zeit hatten und nicht gekommen sind.
b) … Sie Zeit hatten und gekommen sind.
c) … Sie Zeit hatten und nicht gekommen sind.

6. Ein Politiker verspricht eine Steuersenkung, wenn das Bruttosozialprodukt im nächsten Jahr um fünf Prozent steigt. Wann ist er – logisch gesehen – nur in der Pflicht?
a) Wenn das Bruttosozialprodukt um weniger als fünf Prozent steigt.
b) Wenn das Bruttosozialprodukt abnimmt.
c) Wenn es zunimmt.
d) Wenn es um fünf Prozent zunimmt.
e) Wenn es um mehr als fünf Prozent steigt.

7. Kann man Aussagen mit Allgemeingültigkeit (z. B. »Alles Leben kommt aus dem Meer.«) durch Erfahrung beweisen?
a) Ja
b) Nein

8. Kann man Aussagen, die die Existenz von etwas behaupten (z. B. »Es gibt Schneemenschen.«), durch Erfahrung beweisen?
a) Ja
b) Nein

9. Kann man solche Existenzaussagen durch Erfahrung widerlegen?
a) Ja
b) Nein

10. Nehmen wir an, Sie haben mindestens eine der Fragen 1 bis 9 richtig beantwortet. Die Verneinung dieses Satzes lautet:
a) Sie haben alle Fragen richtig beantwortet.
b) Sie haben mehrere Fragen richtig beantwortet.
c) Sie haben keine Frage richtig beantwortet.
d) Sie können auch die zehnte Frage nicht beantworten.

Lösungshinweise finden Sie auf Seite 141f.

Eine Verneinung bildet man durch das Voranstellen des Wortes »nicht«.

Gespräche erfolgreich führen

Haben Sie in Gesprächen, Besprechungen oder Verhandlungen zuweilen das ungute Gefühl, dass Sie mit Ihren Anliegen nicht zum Zug kommen, dass Ihr Gesprächspartner Ihre Ziele durchkreuzt oder Sie rhetorisch gar schachmatt setzt? Dem ist abzuhelfen: Bereits die Kenntnis weniger grundlegender Gesprächsstrategien, Fragetaktiken und psychologischer Kniffe versetzt Sie in die Lage, Gespräche so zu führen, wie es Ihren Absichten entspricht.

Einen guten Eindruck machen, ohne viel zu sagen

Sobald mehr als zwei Menschen miteinander reden, werden zwangsläufig die meisten von ihnen die meiste Zeit zuhören. Obwohl also das Zuhören in der Regel den größten Teil unserer Kommunikationstätigkeit ausmacht, scheint es nicht zu unseren geschultesten Fähigkeiten zu gehören, und es wird uns weder in der Schule noch in anderen Ausbildungen systematisch vermittelt. Viele Klagen, z. B. von Angestellten über ihre Chefs, von Ehepartnern übereinander oder von Kindern über ihre Eltern, beziehen sich darauf, dass die Klagenden das Gefühl haben, dass der Gesprächspartner ihnen nicht richtig zuhört.

Aktives Zuhören

Wer nicht viel redet, sagt zumindest auch nichts Falsches. Auch das ist ein Vorteil des Zuhörens.

Auch das Zuhören ist eine Form der Kommunikation, insbesondere wenn man dabei dem Sprecher das Gefühl vermittelt, dass man wirklich bei der Sache ist. Wer aktiv zuhört, gibt dem Gesprächspartner durch Körperhaltung und Mimik zu verstehen, dass er im Mittelpunkt der Aufmerksamkeit steht. Gelegentliche Reaktionen wie Kopfnicken und kurze gesprochene Aufmunterungen unterstützen den Redefluss des anderen. Der gute Zuhörer wirkt interessiert und gibt dem Redenden ein Gefühl von Geltung und Achtung. Man kann dieses Gefühl noch verstärken, indem man ab und zu Fragen stellt, die beweisen, dass man tatsächlich zuhört und dass man gerne noch mehr erfahren würde.
Verfallen Sie jedoch nicht der Versuchung, selbst zu sprechen, denn man kann nicht beides zur gleichen Zeit: sprechen und zuhören. Wer aktiv zuhört, redet selbst nicht so viel und sagt auch nichts Falsches. Das mag all denen als Trost und Motivation dienen, die mit dem Zuhören Schwierigkeiten haben.

Zuhören als Form der Kommunikation

Beziehungsschädigende Unaufmerksamkeit

Das betonte Nicht-Zuhören kann sogar zu einer erheblichen Beeinträchtigung der Beziehung zwischen den Gesprächspartnern führen. Das Kind, das das Gefühl hat, dass ihm seine Mutter nicht richtig zuhört, wird sich schließlich eine andere – von der Mutter vielleicht nicht gern gesehene – Bezugsperson suchen. Der Partner in einer Beziehung oder Ehe, der sich stets nur die beruflichen Probleme des anderen anhören muss, mit den eigenen Sorgen jedoch kein Gehör findet, wird sich irgendwann frustriert abwenden und, sofern er sich nicht vom anderen trennt, nur noch neben, aber nicht mehr mit seinem Partner leben.

Politiker setzen das Nicht-Zuhören oft absichtlich als rhetorische Technik ein, mit der sie den Kandidaten der Opposition signalisieren, was sie von ihnen und ihren Ausführungen halten. Da die Fernsehanstalten sich das Bild demonstrativ Zeitung lesender Abgeordneter während einer Bundestagsdebatte nicht entgehen lassen, wird damit auch dem Zuschauer mitgeteilt, dass der derzeitige Redebeitrag die Mühe des Zuhörens nicht wert ist.

Demonstrative Unaufmerksamkeit soll den Sprecher herabsetzen und ihn verunsichern.

Zwei Geschlechter, zwei Sprachen

Kommunikationswissenschaftler, Psychologen und Experten anderer wissenschaftlicher Disziplinen haben in zahlreichen Studien nachgewiesen, dass Frauen und Männer zumindest in unserem Kulturkreis unterschiedliche Kommunikationsstile pflegen – auch, was die Kunst des Zuhörens angeht. Während der Gesprächsstil von Männern sich diesen Studien zufolge eher auf sachliche Inhalte konzentriert, pflegen Frauen in ihrer Kommunikation weitaus stärker den Beziehungsaspekt zwischen den Gesprächspartnern mit einfließen zu lassen.

Fatal ist nur, dass beide Geschlechter dabei mitunter dieselben Wörter benutzen. So bedeutet die einfache Bestätigung durch das Wörtchen Ja in der Frauensprache eher eine Bestätigung der Beziehung zum Gesprächspartner im Sinne von »Ich höre dir zu und folge dir«. Sagt ein Mann Ja, so heißt das hingegen meist nur, dass er seinem Gesprächspartner inhaltlich zustimmt. Daraus können Missverständnisse zwischen den Geschlechtern resultieren, die in der Konsequenz häufig in den Vorwurf münden, dass der oder die jeweils andere einfach nicht zuhört.

Die männliche Sprache hat offenbar oft eher Mitteilungscharakter und wirkt im Extremfall sogar belehrend oder monologisierend, wobei Männer selbst den Monologen und Vorträgen anderer Menschen meist nur sehr widerwillig zu folgen bereit sind. Männer haben darum auch weniger Probleme, einen Monolog von sich aus zu unterbrechen, während Frauen oftmals warten, bis ihnen das Wort erteilt wird.

Frauen sollten sich aber im Klaren sein, dass sie mit diesem Verhalten die unsymmetrische Kommunikationssituation ungewollt fördern. In dem Maße, in dem sie Männer reden und dozieren lassen, wird diese Chance von den Männern – auch ohne bösen Willen – wahrgenommen. Das größere Harmoniebedürfnis vieler Frauen fördert darum paradoxerweise die Konflikte zwischen den Geschlechtern. Männer gehen davon aus, dass der oder die andere denkt wie ein Mann und sich meldet, wenn er oder sie etwas zu sagen hat. Und solange sich die Männer in dieser Hinsicht nicht ändern, ist den Frauen nur zu empfehlen, genau das auch zu tun. Irritationen auf der männlichen Seite aufgrund dieses ungewohnten weiblichen Verhaltens kann man (besser: frau) durchaus in Kauf nehmen.

Der Gesprächsstil von Frauen zielt oft auf eine Stärkung der Beziehung zum Gesprächspartner.

Übungen

1. Auch das aktive Zuhören kann und sollte man trainieren! Dazu muss man sich zunächst darüber klar werden, warum man es in bestimmten Situationen gerade nicht macht. Lassen Sie sich von Ihrem Partner, Ihrer Partnerin oder von einem Menschen, der Ihnen häufiger etwas erzählt, rückmelden, ob er oder sie das Gefühl hat, dass Sie ihm oder ihr aufmerksam zuhören. Fragen Sie nach einer Begegnung, in der Ihnen etwas erzählt wurde, einmal konkret nach. Sollte Ihr Gegenüber den Eindruck haben, Sie hätten ihm nicht richtig zugehört, dann fragen Sie sich:
▶ Können Sie sich an das Gesagte erinnern? Können Sie es z. B. in eigenen Worten wiedergeben?

a) Wenn Sie sich an den Inhalt des Gesprächs zwar genau erinnern, Ihr Gegenüber dennoch den Eindruck hatte, dass Sie nicht bei der Sache waren und ihm richtig zugehört haben, dann haben Sie Ihre Aufmerksamkeit wahrscheinlich nicht deutlich genug nach außen signalisiert:
▶ Haben Sie ihn oder sie vielleicht nicht angeschaut (Blickkontakt)?
▶ Haben Sie auf das Gesagte nicht reagiert (z. B. mit Fragen)?
▶ Haben Sie während des Zuhörens noch eine andere Tätigkeit ausgeübt?

b) Haben Sie Schwierigkeiten, sich daran zu erinnern, worum sich das Gesagte im Detail drehte? Dann hat Ihr Gegenüber also genau den richtigen Eindruck bekommen, und Sie haben ihm wirklich nicht zugehört. In diesem Fall fragen Sie sich:
▶ Hat Sie das Gesagte nicht interessiert? Warum haben Sie das Ihrem Gesprächspartner, Ihrer Gesprächspartnerin nicht mitgeteilt?
▶ Finden Sie Ihr Gegenüber langweilig oder unsympathisch? Warum haben Sie das Ihrem Gesprächspartner, Ihrer Gesprächspartnerin nicht mitgeteilt?
▶ Waren Sie von wichtigeren Dingen abgelenkt? Warum haben Sie das Ihrem Gesprächspartner, Ihrer Gesprächspartnerin nicht mitgeteilt?
▶ Hatten Sie einen langen und harten Tag und waren daher nicht aufnahmefähig? Warum haben Sie das Ihrem Gesprächspartner, Ihrer Gesprächspartnerin nicht mitgeteilt?

Richtig zuhören zu können ist eine der wichtigsten Voraussetzungen für eine gute Beziehung.

Mimik und Gestik sagen manchmal mehr aus als gesprochene Worte.

Die provozierende zweite Frage »Warum haben Sie das Ihrem Gesprächspartner, Ihrer Gesprächspartnerin nicht mitgeteilt?« werden Sie wahrscheinlich damit beantworten, dass Sie die Beziehung zu ihm oder ihr nicht gefährden wollten. Sie sollen Ihrem Gegenüber auch gar nicht sagen, dass er oder sie langweilig ist oder dass Sie keine Lust haben zuzuhören. Aber wenn Ihnen diese Beziehung wichtig ist, dann müssen Sie sich auch der Mühe des aktiven Zuhörens unterziehen!

2. Üben Sie das aktive Zuhören! Beobachten Sie sich dazu selbst, und setzen Sie bewusst die folgenden Signale ein:
- Wenden Sie sich dem Gesprächspartner, der Gesprächspartnerin zu. Schauen Sie ihn oder sie an.
- Wenn Sie neben dem Gespräch z. B. noch kochen oder nähen, stellen Sie dennoch regelmäßig Blickkontakt her. Generell gilt: Tätigkeiten, die eine höhere Aufmerksamkeit erfordern, und aktives Zuhören schließen einander aus!
- Drücken Sie in Ihrer Mimik Interesse aus, nicken Sie ab und zu zustimmend.
- Stellen Sie Fragen, die zeigen, dass Sie sich bemühen, alles zu verstehen, und dass Sie interessiert sind.
- Zügeln Sie sich mit eigenen Kommentaren, und lassen Sie Ihr Gegenüber zu Ende sprechen, ohne ihm ins Wort zu fallen.

Der Umgang mit schwierigen Vorgesetzten

Vorgesetzte sind ebenso wenig frei von dem schon angesprochenen Syndrom »Was denke ich, was andere von mir denken?« wie andere Menschen auch. Häufig kann man sogar beobachten, dass Führungskräfte in besonderem Maße von diesem Virus seelischer Selbstzerstörung befallen werden. Diese Infektionsanfälligkeit kann mehrere Gründe haben: Zum einen erfordert die Position einer Führungskraft von ihrem Träger eine gewisse Intelligenz und insbesondere die Fähigkeit, die eigenen Gedanken konsequent auf ein bestimmtes Ziel lenken zu können. Dazu gehört in der Regel, dass man die Reaktionen seiner Umgebung in sein Kalkül miteinbezieht. Zum anderen befinden sich viele Führungskräfte in einer Position der Mitte, d. h., sie sind nicht an der untersten Stelle und oft auch nicht an der höchsten Stelle der Hier-

archie. So kann der kluge Vorgesetzte die unheilvolle Frage »Was denke ich, was andere von mir denken?« gleich in drei Richtungen stellen:
▶ nach oben: »Was denkt mein Vorgesetzter von mir?«
▶ zur Seite: »Was halten meine gleich gestellten Kollegen von mir?«
▶ nach unten: »Wie denken meine Mitarbeiter über mich?«

Damit ist die Situation günstig für Spekulationen in jede Richtung: »Wie sehen mich meine Mitarbeiter? Halten sie mich für kompetent, vertrauenswürdig, kollegial, oder glauben sie, dass ich nur durch Beziehungen oder Glück in meine Position gekommen bin, und reden hinter meinem Rücken die fürchterlichsten Dinge von mir? Und wie steht es mit meinem Chef? Er beklagt sich zwar nicht über meine Arbeit, aber gelobt hat er mich in den letzten zwei Jahren auch nicht mehr. Vielleicht sähe er am liebsten, dass ich gehe? Habe ich noch Chancen auf eine weitere Beförderung? Wahrscheinlich wird diesmal Kollege Müller befördert, der drängelt sich garantiert vor, der kann mich sowieso nicht ausstehen.«

Vor Angst und Zweifel sind auch Führungskräfte nicht sicher – im Gegenteil.

Weil auch Führungskräfte nur Menschen sind und über Beobachtungsgabe und Menschenkenntnis verfügen wie andere auch, sind auch sie nicht vor Irrtümern gefeit, wenn sie versuchen, solche Vermutungen auf ein Fundament zu stellen.

Gefangen in den eigenen Vorstellungen

Ein Industriemeister, Mitte 50, berichtete mir eines Tages, dass er große Probleme mit der ihm unterstellten Arbeitsgruppe habe. Er machte auf mich einen gehemmten, unsicheren, fast hilflosen Eindruck. Nach anfänglichem Zögern erklärte er, dass diese Arbeitsgruppe, bestehend aus acht Mitarbeitern im Alter zwischen 25 und 30 Jahren, jede seiner Anordnungen hintertreibe, ihm ständig widerspräche und wahrscheinlich auch gegen ihn bei der Geschäftsführung intrigiere. Er berichtete, dass sich innerhalb der Gruppe ein informeller Führer herauskristallisiert habe, ein 28-jähriger, schlagfertiger Mann. Immer häufiger vertrete dieser die Interessen der Gruppe nach außen, besonders gegenüber dem Meister, der schon einige Male Meinungsverschiedenheiten mit ihm habe austragen müssen. Der Mitarbeiter versuche, derartige Angelegenheiten meist im Beisein anderer zu erledigen, da er in solchen Fällen mit seinem Witz die Zuhörer auf seiner Seite wisse. Da der Meister sich in derartigen Situationen unterlegen wähnte, glaubte er, dass mittlerweile jeder seiner Mitarbeiter auf ihn herabsehe oder gegen ihn sei. Auf meine Frage, wie sich diese Einstellung seiner Mitarbeiter äußere, wartete er mit bemerkens-

werten Beispielen auf, u. a. etwa, dass einige von ihnen in der Pause rauchten. Mein Hinweis auf allgemeine menschliche Schwächen und auf einen gewissen Prozentsatz an Rauchern in unserer Gesellschaft wischte er mit der Bemerkung beiseite, dass seine Mitarbeiter dies nur machten, um ihn als Nichtraucher zu ärgern. Es war, so stellte ich an dieser Stelle durch Nachfragen fest, durchaus nicht so, dass ihn das Rauchen in der großen Arbeitshalle in seinem physischen Wohlbefinden beeinträchtigte, sondern es war vielmehr die hinter der Tat vermutete Absicht, die ihn kränkte.

Mit negativen Gedanken und Erwartungen lässt sich ein Misserfolg vorprogrammieren.

Nachdem der Meister noch zwei, drei weitere ähnliche Handlungen gefunden hatte, die ihn in seiner Meinung in der Sichtweise seiner Mitarbeiter bestärkten, begann er, reale Konsequenzen zu ziehen. Diese bestanden darin, seinen Mitarbeitern ihre sadistischen Aktivitäten zu untersagen, also ihnen das Rauchen und andere angebliche Bosheiten zu verbieten. Man kann sich unschwer vorstellen, dass er spätestens jetzt erreichte, was er bislang nur vermutet hatte: Jetzt hatten die Mitarbeiter wirklich etwas gegen ihn und begannen, sich tatsächlich zur Wehr zu setzen, was für ihn aber nur der letzte Beweis für seine ursprüngliche Ansicht war.

Diffuse Gefühle in klare Sätze fassen

Wie geht man mit einem solchen Menschen um? Der Hinweis: »Das bilden Sie sich doch nur ein« führt auf nahe liegende Weise nur zu der Reaktion: »Ich wusste es doch, Sie sind auch gegen mich!« Optimal wäre es zweifellos, durch geduldiges, beharrliches und zugleich vorsichtiges Nachfragen ihn dazu zu bringen, dass er seine Situation aus seiner Sicht möglichst komplett schildert. Mit etwas Glück merkt der Betroffene einfach dadurch, dass er sein Problem einmal in wohlgeformte Sätze bringen muss, dass die ganze Geschichte in Wirklichkeit nicht so schlüssig ist, wie er es sich bislang gedacht hat. Er stellt sich schließlich selbst in Frage.

Sprechen allein kann schon dazu beitragen, Probleme zu lösen.

Therapeuten wenden diese Technik bisweilen gern an, weil sie wissen, dass die meisten Menschen über ihre eigene Situation gern »ins Unreine« denken. Dadurch, dass ein Patient z. B. ermuntert wird, alles, was ihn bedrückt – einschließlich der vermuteten Hintergründe –, auch auszusprechen, erreichen sie oftmals schon den heilsamen Aha-Effekt, jene berühmte Selbsterkenntnis, die bekanntlich der erste Schritt zur Besserung ist und mit der sich der Betroffene unter dem Strich selbst therapiert.

Auch Chefs brauchen Anerkennung

Als untergeordneter Mitarbeiter kann man eine solche Therapeutenfunktion jedoch nur selten übernehmen, denn das setzt ein gewisses Vertrauensverhältnis voraus, das ja häufig wegen der bereits eingetretenen Kommunikationsstörungen nicht mehr gegeben ist. Und doch können auch Mitarbeiter, die keinen so guten Draht zu ihrem Vorgesetzten haben, etwas dazu beitragen, den ungesunden Argwohn des Chefs Schritt für Schritt abzubauen:

In Führungsseminaren zeigt es sich immer wieder, dass fast alle Vorgesetzten es für selbstverständlich halten, dass gute Leistungen anerkannt werden sollen, um die Arbeitszufriedenheit der Mitarbeiter zu steigern. Manche sind sogar so selbstkritisch, dass sie zugeben, mit Anerkennung ausgesprochen geizig zu sein. Ein Grund dafür kommt oft schnell zum Vorschein: das Gefühl, selbst zu wenig Anerkennung von oben zu erfahren. Nun scheint aber das Bedürfnis nach Anerkennung ein Grundbedürfnis der meisten Menschen zu sein, und wenn dieses nicht erfüllt wird, führt das zu Unzufriedenheit und bisweilen auch zu Grübeleien über die vermeintlich schlechten Mitmenschen.

Der Vorschlag zur Verbesserung der Situation hat darum für Mitarbeiter etwas Provozierendes, er ist aber effektiv: Geben Sie Ihrem Vorgesetzten die Anerkennung, die er sonst nicht bekommt! Das bedeutet natürlich nicht, ihm oder ihr »Honig um den Bart zu schmieren« und sich anzubiedern. Es ist vielmehr eine Frage des gegenseitigen Respekts, die hier ins Spiel kommt. Und wenn dieser bedauerlicherweise schon auf der Strecke geblieben sein sollte, dann betrachten Sie es einfach als rhetorische Taktik. Warum sollten Sie eine negative Kritik nicht allen Ernstes mit den Worten kontern: »Ich sehe schon, ich habe nicht Ihre Erfahrung mit diesen Dingen. Können Sie mir nicht zeigen, wie man das macht?« Die Anerkennung wird quasi über ein Hilfeersuchen transportiert. Oder in einer anderen Situation: »Ich finde es gut, wie Sie dieses Problem in den Griff bekommen haben. Wie haben Sie das eigentlich gemacht?«

Ein Lob ist immer auch ein Motivationsfaktor, und zwar für die Mitarbeiter ebenso wie für den Vorgesetzten.

Schlagfertige Konter auf Vorwürfe

Sollten Sie sich allerdings als Mitarbeiter mit einer negativen Kritik konfrontiert sehen, die es Ihnen beim besten Willen nicht erlaubt, darauf mit einem versteckten Kompliment zu reagieren, so sollten Sie zwei typische Verhaltensweisen lieber unterlassen oder zumindest mit Vorsicht einsetzen:

- sich herausreden,
- sich entschuldigen.

Das Herausreden macht nur Sinn, wenn die Ausrede wirklich gut und nach Möglichkeit auch noch stichhaltig und berechtigt ist. Aber selbst dann kommt sie bei vielen Vorgesetzten nicht gut an, weil es eine Verhaltensweise ist, die sie von einem Mitarbeiter, der einen Fehler gemacht hat, ohnehin erwarten, und es ist meistens ungünstig, sich gegenüber einem aggressiven Partner so zu verhalten, wie dieser es erwartet. Die Neigung des Chefs, selbst eine stichhaltige Ausrede als »dumme Ausrede« aufzufassen, ist beträchtlich.

Angriff oder Flucht – das sind die Reaktionen, mit denen ein aggressiver Partner rechnet. Vermeiden Sie sie!

Bei der Entschuldigung verhält es sich genauso. Erschwerend kommt hier aber noch dazu, dass nun die Frage der Schuld überhaupt angesprochen wird, und das bringt für eine konstruktive Problemlösung so gut wie gar nichts. Die Ausnahme kann natürlich auch hier der triftige Grund sein, den man möglicherweise zu seiner Entschuldigung anbieten kann. Dennoch gilt in der Frage nach der Effektivität des Gesprächsverhaltens auch in diesem Fall ähnlich wie bei dem Herausreden: Auf der Suche nach dem Schuldigen vergisst man häufig die viel entscheidendere Frage nach einer Lösung des Problems oder einer Verbesserung der Ausgangslage!

Doch wie sieht dann ein schlagfertiger Konter auf den Vorwurf eines Vorgesetzten aus? Ohne Anspruch auf Vollständigkeit bieten sich hier z. B. folgende Strategien an:

Kontern durch Erweitern

Der Vorwurf wird aufgegriffen und über den konkreten Fehler hinaus auf andere Bereiche übertragen, die (noch) gar nicht Gegenstand der Kritik sind. Dadurch gerät der momentane Fehler aus der Schusslinie.

- *Vorwurf des Chefs:* »Ich habe Ihnen doch schon neunundneunzigmal gesagt, Sie sollen diesen Vorgang nicht in dieser Reihenfolge bearbeiten!«
  Schlagfertiger Konter: »Gut, dass Sie jetzt darauf zu sprechen kommen. Ich habe mir gerade überlegt, ob wir nicht auch die Bearbeitung der anderen Vorgänge verbessern sollten. Was halten Sie von folgender Vorgehensweise …?«

Vorsicht: Bieten Sie nur Vorschläge an, mit denen Sie selbst auch leben können!

Kontern durch Relativieren

Der Fehler wird zugegeben, aber mit Hinweis auf größere Fehler (eigene Fehler in der Vergangenheit, Fehler von anderen) relativiert.

▶ *Vorwurf des Vorgesetzten: »Ihre Leistung entspricht in keiner Weise meinen Vorstellungen!«*
Schlagfertiger Konter: »Aber im Verhältnis zu letztem Monat habe ich mich doch schon verbessert, oder?«
Vorsicht: Nicht anwenden, wenn Sie im letzten Monat krank oder in Urlaub waren!

Kontern durch Verniedlichen
Diese Taktik ist eine geschickte Verpackung des Spruches: »Ist doch alles nicht so schlimm!« Hier kommt es darauf an, möglichst elegant die Folgen des Fehlers herunterzuspielen oder darauf zu verweisen, dass man diese Folgen ohne große Schwierigkeiten beherrschen kann.
▶ *Vorwurf des Vorgesetzten: »Ihnen ist hier ein ganz böser Fehler unterlaufen!«*
Schlagfertiger Konter: »Ich sehe zwar ein, dass ich etwas falsch gemacht habe, aber können wir das nicht leicht wieder in den Griff bekommen?«
Vorsicht: Nicht anwenden, wenn Sie mit Ihrem Fehler gerade die Firma ruiniert haben!

Kontern durch Übertreiben
Der Fehler wird zur Katastrophe erklärt, die Kritik wird zu einem Vernichtungsschlag des Vorgesetzten, den er so nicht gewollt haben kann.
▶ *Vorwurf des Vorgesetzten: »Wie oft muss ich Ihnen eigentlich noch sagen, dass Sie zu diesem Zeitpunkt noch keine Buchung vornehmen dürfen?«*
Schlagfertiger Konter: »Ich habe den Eindruck, ich mache einfach alles falsch. Ich bin schon so deprimiert, dass ich mich nicht mehr konzentrieren kann!«

Das Mittel der Übertreibung sollte maßvoll eingesetzt werden, da es sonst leicht verflacht.

Vorsicht: Nicht bei Vorgesetzten anwenden, denen das Befinden ihrer Mitarbeiter ohnehin gleichgültig ist!

Notfalls den Fehler eingestehen
Wenn hingegen die Frage nach der Schuld eindeutig bei einem selbst liegt, sollte man als Mitarbeiter getreu dem Motto »Man verteidigt keine Burg, die man nicht halten kann« schnell zu einer konstruktiven Kapitulation übergehen: »Da haben Sie wohl Recht, das habe ich übersehen. Wie kann ich das Ganze jetzt wieder in den Griff bekommen?« Manche Mitarbeiter versuchen auch den Trick einer rhetorischen Umarmung ihres Vorgesetzten, indem sie in der Wir-Form sprechen: »Wie können wir das Problem denn jetzt lösen?«

Gespräche erfolgreich führen

Auf ein schlechtes Gedächtnis spekulieren

Eine weitere Methode, den Chef zu manipulieren, besteht darin, dass Sie ihm Ihren eigenen (guten) Einfall als den seinen verkaufen. Dieses Vorgehen funktioniert am besten bei überarbeiteten Vorgesetzten.

Eine gute Idee könnte eine Idee vom Chef sein

So musste ich eines Tages mit dem Geschäftsführer einer größeren Firma über eine ganze Serie von Seminaren verhandeln. Ich rechnete damit, sehr rigide Vorgaben für meine eigene Planung zu bekommen. Ich wusste allerdings, dass die Planung dieses Vorgesetzten aus einer chaotischen Anhäufung von Zetteln bestand, auf die er seine zahlreichen täglichen Einfälle notierte und die dann irgendwo herumflogen. An der entscheidenden Stelle des Gesprächs sagte ich darum: »Eigentlich müssten wir das doch gar nicht mehr planen. Sie hatten doch vor zwei Monaten schon eine gute Idee für die Organisation und den Ablauf der Seminare!« Erleichtert blickte er auf: »Ach ja, hatte ich das? Ich kann mich gar nicht mehr erinnern.« – »Doch«, sagte ich, »Sie hatten damals folgenden Vorschlag gemacht ...« Ich gebe zu, er hatte nie einen derartigen Vorschlag gemacht, er konnte aber auch nicht mit Sicherheit ausschließen, dass es so gewesen sein könnte. Und da Vorgesetzte ihre eigenen Einfälle häufig sehr hoch einschätzen, segnete er schließlich meine persönliche Planung ab.

> Ein überarbeiteter Chef kann sich kaum jedes Detail merken.

Übungen

1. Versuchen Sie, folgenden Kritiken bzw. Vorwürfen eines Vorgesetzten schlagfertig zu begegnen. Wenden Sie dazu jeweils mindestens zwei der in diesem Kapitel beschriebenen Techniken an: Kontern durch Erweitern, Relativieren, Verniedlichen und Übertreiben.

a) »Sie haben schon wieder den Computer abgeschaltet, bevor Sie das Programm geschlossen haben!«
b) »Wenn Sie noch einmal zu spät kommen, dann bekommen Sie eine Abmahnung.«
c) »Wenn ich Sie bei der Arbeit beobachte, dann wird mir schlecht!«
d) »Ich denke, Sie haben bei Ihrer Planung Folgendes übersehen...«
e) »Ihre Arbeitsweise ist ausgesprochen uneffektiv!«

2. Wie beurteilen Sie diese Antworten auf den Vorwurf eines Vorgesetzten: »Die Firma Ludwig hat ihre Bestellung storniert, weil Sie vergessen haben, eine Auftragsbestätigung zu faxen.«

a) »Ach, entschuldigen Sie bitte, das habe ich übersehen.«
b) »Ich habe das Fax doch geschickt. Wahrscheinlich war das Faxgerät kaputt.«
c) »Können Sie mir bitte nochmal erklären, in welchen Fällen wir Auftragsbestätigungen faxen sollen, und in welchen Fällen das nicht nötig ist?«
d) »Aber Sie wollten doch diese Auftragsbestätigung selbst übernehmen?!«

Lösungshinweise finden Sie auf Seite 143f.

Der Umgang mit aggressiven Gesprächspartnern

Der Umgang mit aggressiven Gesprächspartnern spielt sich zu einem großen Teil auf der Ebene der Instinkte ab. Deshalb ist es nützlich zu wissen, welche Möglichkeiten es gibt, den Angreifer entweder zu beruhigen oder aber ihm schlagfertig zu begegnen. Für den Umgang mit aggressiven Gesprächspartnern muss man sich zunächst kurz überlegen, was Aggression psychologisch gesehen bedeutet. Aggression ist ein auf Angriff ausgerichtetes, feindseliges Verhalten, das häufig eine Folge von Frustration ist. Daraus folgt zwangsläufig, dass man – will man die Verärgerung seines Gegenübers nicht noch steigern – durch seine Ge-

Ein aggressiver Mensch ist bereits durch an sich harmlose Äußerungen schnell reizbar.

sprächsführung die Frustration des anderen nicht noch vergrößern darf. Äußerungen wie
- »Das verstehst du sowieso nicht.«
- »Wie kann man sich bloß so aufführen?«
- »Das habe ich dir doch hundertmal erklärt!«
- »Rege dich doch nicht so auf!«

sind zwar auf der Seite des Sprechers gefühlsmäßig begründet, bringen jedoch den Gesprächspartner nur noch mehr in Rage. Insbesondere die letzte Äußerung ist dazu angetan, selbst solche Gesprächspartner aus der Fassung zu bringen, die sich zuvor noch gar nicht sonderlich aufgeregt haben. Doch je mehr sich der Gesprächspartner aufregt, desto mehr wird er ein Opfer seiner Instinkte. Das Stresshormon Adrenalin sorgt nämlich bei großer Aufregung dafür, dass weite Teile unseres Großhirns außer Kraft gesetzt werden (in der Großhirnrinde spielt sich das Denken ab).

Der Ausstoß von Adrenalin zieht typische Stressreaktionen nach sich.

Angriff oder Flucht?

Zur Erklärung dieser merkwürdigen Tatsache muss man sich vor Augen halten, dass unsere Instinkte nicht auf rhetorische Auseinandersetzungen angelegt sind, sondern dass sie ihre Herkunft in den Urtagen der Menschheit haben. Vor vielen tausend Jahren prügelte man sich eben nicht verbal, sondern man sah sich in der Regel einer echten körperlichen Bedrohung ausgesetzt. Es gab praktisch – je nach Kräfteverhältnis von Angreifer und Angegriffenem – nur die Varianten Angriff oder Flucht. Für diese beiden Verhaltensmöglichkeiten waren unsere Instinkte und Reflexe schon immer viel schneller und effektiver als das vergleichsweise langsame Großhirn. In solchen Situationen der Urzeit durfte man einfach nicht erst lange nachdenken.

Erste Regel – bleiben Sie ruhig!

Bei Angriff- oder Fluchtreaktionen wird das Großhirn und mit ihm das Denken außer Kraft gesetzt.

Angriff oder Flucht sind auch die Verhaltensweisen, auf die alle Menschen bis zum heutigen Tag unter starkem Stress und in aggressiven Situationen instinktiv ausgerichtet sind – mit der Konsequenz, dass sie unter großer Aufregung nicht nachdenken können. In dieser Hinsicht reagieren wir heute noch so wie unsere Urahnen. Wenn man aber diesen instinktiven Erwartungen eines aggressiven Gesprächspartners entspricht, indem man sich wehrt (Angriff) oder frühzeitig klein beigibt (Flucht), sorgt man zugleich dafür, dass er in seinem Verhalten bestätigt wird und sich auch im weiteren Verlauf (und auch bei künftigen Auseinandersetzungen) von diesen Instinkten leiten lässt. Dass sich zumindest manche Gesprächspartner ein wenig abregen, wenn man nachgibt, ist ein schwacher Trost, denn auf der sachlichen Ebene hat man dann schon einiges an Boden verloren.

Was also sollte man in solchen Situationen tun? Die grundsätzliche Empfehlung lautet: Verhalten Sie sich in Konfliktsituationen stets anders, als es Ihr Gesprächspartner (instinktiv) erwartet.

▶ *Angriff gegen einen Managementtrainer in einem Seminar:* »Sie haben doch überhaupt keine Ahnung, Sie waren doch noch nie in einer Führungsposition!«
Konter: »In Düsseldorf ist ein Wegweiser, auf dem steht: 40 Kilometer nach Köln. Der Wegweiser war noch nie in Köln, und trotzdem hat er Recht.«

▶ *Angriff in einer Reklamationsabteilung:* »Wenn Sie nicht sofort meine Reklamation aufnehmen, kriegen Sie Ärger!«
Konter: »Ach wissen Sie, in diesem Job werde ich doch für Ärger bezahlt!«
Oder (mit Risiko): »Darf ich Ihnen zur Beruhigung erst einmal eine Praline anbieten?«
Oder (ganz sachlich): »Wie kann ich Ihnen helfen?«

Reagieren Sie auf aggressive Attacken verblüffend und humorvoll, das nimmt dem Angreifer die Luft aus den Segeln.

Schlagfertiger Konter bei Aggression

Gegen die Aggressionen eines Gesprächspartners muss man sich nicht verbissen wehren. Man sollte allerdings in Hinblick auf künftige Auseinandersetzungen auch nicht einfach klein beigeben. Ideal ist es, wenn dem Angegriffenen wie im folgenden Beispiel ein alternatives Verhalten, eine unerwartete Reaktion in Form eines schlagfertigen Konters gelingt.

Ein erboster Zeitungsleser schrieb an den Philosophen und Mathematiker Bertrand Russell: »Was für ein Idiot Sie sind, kann man leicht beim Lesen Ihrer so genannten Philosophie erkennen. Neulich las ich etwas in einer deutschsprachigen Schweizer Zeitung, das augenscheinlich Sie gesagt haben: ... (Es folgt ein Zitat).«

Darauf antwortete Russell: »Mein Herr, Sie haben nicht bedacht, dass es noch eine andere Art von Idioten gibt. Jene Art nämlich, die glauben, was sie in Zeitungen lesen. Eine Behauptung wie die von Ihnen zitierte habe ich nie aufgestellt. Ihr sehr ergebener Bertrand Russell.«

Sachliche Reaktion auf einen emotionalen Angriff

Zum Alltag der Polizei gehört es, häufig mit aggressiven Gesprächspartnern umgehen zu müssen. Dabei berichten Polizisten, dass Aggressionen oft schon aus nichtigem Anlass entstehen. Einer dieser Anlässe ist die »allgemeine Verkehrskontrolle« ohne besonderen Grund, die weder bei der Polizei noch bei den Autofahrern sehr beliebt ist. Es wundert deshalb nicht, dass etwa jeder zehnte Autofahrer seinen Unmut mit Äußerungen kundtut wie: »Habt ihr nichts Besseres zu tun? Ihr verschwendet hier unsere Steuergelder! Fangt lieber Verbrecher!« Wenn sich ein Polizeibeamter dies das zehnte Mal am Tag angehört hat, so hat sich bei ihm schon ein erhebliches Maß an Frust aufgestaut, und es passiert nicht selten, dass ihm beim elften Mal der Kragen platzt und es zu einer unliebsamen Eskalation kommt.

Auf sich wiederholende aggressive Angriffe kann man sich vorbereiten.

Als mich Polizisten bei einem Rhetoriktraining fragten, wie sie sich in einer solchen Situation verhalten sollten, riet ich zu Folgendem: »Der Autofahrer gibt Ihnen doch zwei Themen vor. Fragen Sie ihn einfach, worüber er sich zuerst mit Ihnen unterhalten will: über die Steuerverschwendung oder über die Verbrechensbekämpfung.«

Bei der nächsten Verkehrskontrolle erprobte einer der Polizisten diesen rhetorischen Trick in der Praxis. Es dauerte nicht lange, bis ein Autofahrer angehalten wurde, der den üblichen Ausspruch machte. Daraufhin entgegnete der Beamte: »Nun gut, worüber wollen Sie zuerst mit mir diskutieren? Darüber, dass wir hier Steuergelder verschwenden, oder darüber, dass wir lieber Verbrecher fangen sollen?« Der Autofahrer, der mit hochrotem Kopf hinter seinem Lenker saß und sichtlich stark erregt war, hatte mit allem gerechnet, aber nicht damit, dass sich jemand ernsthaft mit einer Frage auf seine Beschimpfung einlassen würde. Er überreichte dem Polizisten daraufhin sprachlos die Fahrzeugpapiere.

Den richtigen Ton treffen

Natürlich muss man beim Gebrauch solcher Techniken (nämlich sich anders zu verhalten, als es der aggressive Gesprächspartner erwartet) ein großes Fingerspitzengefühl an den Tag legen. Schon ein leicht ironischer Unterton kann das Ganze zum Scheitern bringen. Bei sehr aufgeweckten Gegnern riskiert man auch schon einmal einen erfolgreichen Konter, bei sehr schlichten Gegnern dagegen ein Scheitern, weil sie die Reaktion einfach nicht verstehen und sich deshalb weiter aufregen. Der mögliche Schaden ist jedoch im Verhältnis zum wahrscheinlichen Nutzen recht klein, so dass solche Tricks durchaus empfohlen werden können. Die Kunst dabei ist jedoch, dass man sich bei ihrer Anwendung sehr stark in der Hand haben muss, und das ist schwierig, wenn man selbst nervös ist.

Mit Körpersprache Aggressionen abfedern

Menschen kommunizieren nicht nur in Worten (verbal) miteinander, sondern sie übermitteln einander auch mit dem Körper (nonverbale) Botschaften. Die Ausdrucksmöglichkeiten der Körpersprache sind groß, und in einem späteren Kapitel des Buches werden sie deshalb eigens ausführlicher dargestellt. Ein paar Punkte sollen an dieser Stelle aber bereits vorweggenommen werden: In kritischen Situationen mit aggressiver Stimmung kann es nicht nur aufschlussreich sein, auf die körpersprachlichen Signale seines Gegenübers zu achten, sondern man kann auch versuchen, durch die eigene Körpersprache solche Situationen bewusst zu steuern.

Die Körpersprache wird auch als die Sprache neben der Sprache bezeichnet.

Lautstärke

Aggressive Personen sprechen meist ziemlich laut. Man ist daher geneigt, sich im Tonfall und in der Lautstärke seinem Gesprächspartner anzugleichen, weil man sonst das Gefühl hat unterzugehen. Das Ergebnis ist jedoch in der Regel nur ein stetig steigender Lärmpegel, denn aggressive Personen hören ohnehin nur, was sie hören wollen. Bleiben Sie darum – zumindest äußerlich – ruhig, und versuchen Sie bewusst, leise zu sprechen. Manchmal kann es sogar taktisch klug sein, so leise zu sprechen, dass der aufgeregte Gesprächspartner Sie akustisch nicht mehr versteht. Aus der daraus bei ihm erwachsenden Unsicherheit können Sie Kapital schlagen! Im günstigsten Falle resultiert daraus die Frage: »Was hast du gerade gesagt?« Wenn Sie nun antworten, hört er wenigstens zu.

Körperhaltung und Gestik

Wenn zwei Hunde sich anknurren, so stehen sie sich immer frontal gegenüber. Vermeiden Sie diese frontale Position: Wenn es die Gesprächssituation ermöglicht, bitten Sie den anderen, Platz zu nehmen, und setzen Sie sich leicht über Eck. Vermeiden Sie Barrieren wie einseitig geschlossene Tische und unterschiedlich hohe Sitzgelegenheiten. Bieten Sie Ihrem Gesprächspartner etwas zu trinken an. Wenn er das verärgert zurückweist, ist das nicht schlimm, es zählt vor allem die Geste, und zwar auf der schon erwähnten Instinktebene.

Zuhören

Auch das Zuhören und das Schweigen sind nonverbale Reaktionen.

Denken Sie an das Kapitel über das aktive Zuhören! Sie müssen in einer aggressiven Situation nicht immer sofort reagieren. Lassen Sie den anderen sich erst einmal seinen Frust von der Seele reden. Ermuntern Sie ihn durch Mimik (Nicken und gelegentlichen Augenkontakt) und minimale Wortbeiträge wie »mmh« oder »ja«, sich erst einmal Luft zu machen. Im weiteren Verlauf können Sie durch Zurückspiegeln mit Bemerkungen wie »Du meinst also, dass ...« oder »Du ärgerst dich vor allem über ...« versuchen, den aggressiven Monolog des anderen langsam in ein partnerorientiertes Gespräch zu verwandeln.

Wenn ein Angriff als Frage vorgetragen wird

Schwierig wird der Umgang mit Aggressionen allerdings, wenn sie in der rhetorisch oft sehr vielschichtigen Form einer Frage vorgetragen werden. In diesem Falle muss man davon ausgehen, dass der Angreifer eher intellektuell als emotional aggressiv ist und auf der Instinktebene nicht mehr auszuhebeln ist, was ihn viel gefährlicher macht.
Fragen wie:
- »Wie stellen Sie sich das denn vor?«
- »Sollen wir etwa ...?«
- »Haben Sie das etwa nicht gelesen?«

Aggressive Fragen kontern

können den Befragten arg in Bedrängnis bringen. Insofern man ernsthaft erwägt, solche Fragen zu beantworten, wird man nicht um eine strategische Vorplanung herumkommen, d. h., man muss sich rechtzeitig vor einer Äußerung überlegen, welche Fragen danach noch auf einen zukommen können. Ansonsten bietet sich immer noch die Möglichkeit
- der Interpretation der Frage (»Verstehe ich Ihre Frage richtig, wenn...?«),
- der Ja-aber-Taktik (»Ihre Frage ist berechtigt, aber Sie sollten auch beachten, dass ...«),
- des Aufschiebens (»Darf ich Ihre Frage für einen Moment zurückstellen?«),
- der Gegenfrage (»Wie meinen Sie das?«).

Offenbart die Frage jedoch ein (größeres) Informationsdefizit bei einem selbst (»Kennen Sie denn nicht die Untersuchung von ...?«), ist es häufig ratsam, die Flucht nach vorne anzutreten, indem man – zumindest eingeschränkt – seine Wissenslücke zugibt: »Leider nicht im Detail (oder: nur in groben Zügen), aber ich denke, Sie können mir kurz auf die Sprünge helfen!« Dies ist allemal besser, als so zu tun, als wüsste man genau Bescheid, um danach mit Glanz und Gloria unterzugehen.

- *Frage: »Wissen Sie etwa nichts von der neuen Betriebsregelung?«*
  Interpretation: »Meinen Sie, ob ich davon weiß, oder ob Sie sie mir schon zu lesen gegeben haben?«
  Ja-aber-Technik: »Ja, ich kenne sie, aber sie tritt doch erst nächsten Monat in Kraft?«
  Aufschieben: »Ich finde, wir sollten erst einmal das aktuelle Problem besprechen.«
  Gegenfrage: »Warum fragen Sie?«
- *Frage: »Glauben Sie allen Ernstes, dass dieser Trick funktioniert?«*
  Interpretation: »Verstehe ich Ihre Frage richtig, dass Sie meine Maßnahme für unseriös halten?«
  Ja-aber-Technik: »Natürlich sehe ich die Schwierigkeiten dieser Lösung, aber wenn alle sich an die Regeln halten, wird mein Plan funktionieren.«
  Aufschieben: »Lassen Sie mich erst die Strategie erläutern, danach können wir darüber diskutieren, ob es sich tatsächlich um einen Trick handelt.«
  Gegenfrage: »Ja, haben Sie eine bessere Idee?«

Vorsicht bei Angriffen, die in Form einer Frage daherkommen. Sie sind häufig besonders tückisch.

▶ Frage: »Hast du überhaupt schon mal an meine Bedürfnisse gedacht?«
Interpretation: »Meinst du mit ›Bedürfnisse‹ deine kostspieligen Eskapaden?«
Ja-aber-Technik: »Ja, aber gerade deswegen schlage ich dir doch diesen Urlaub vor.«
Aufschieben: »Können wir das zu Hause ausdiskutieren?«
Gegenfrage: »Was willst du damit sagen?«

▶ Frage: »Hast du etwa vergessen, mich zu informieren?«
Interpretation: »Bist du denn der Meinung, dass ich mir für meine Aktivitäten erst deinen Segen geben lassen muss?«
Ja-aber-Technik: »Ja, aber ich dachte eben, du seist ohnehin nicht interessiert.«
Aufschieben: »Bevor wir uns darüber streiten, lass uns erst das Problem besprechen.«
Gegenfrage: »Bin ich dazu verpflichtet?«

Die Provokation durchkreuzen

Der größte Fehler ist es, auf eine aggressive Frage zu antworten, ohne ihre mutwillige Absicht durchschaut zu haben. Ein führender deutscher Politiker unseres Landes (da er noch aktiv ist, soll er hier anonym bleiben) wurde eines Tages auf dem Weg in den Bundestag von dem Reporter eines großen Privatsenders mit der provozierenden Frage konfrontiert: »Herr X, wann treten Sie eigentlich zurück?« Mit hochrotem Kopf wandte sich der angegriffene Politiker zur Kamera und schimpfte: »Eine solche Frechheit hätte ich vom öffentlich-rechtlichen Fernsehen nicht erwartet!« Der Reporter sah nun seinerseits mit breitestem Grinsen in die Kamera und kommentierte den Ausbruch mit den Worten: »Was ein Glück für uns, Herr X, dass wir nicht vom öffentlich-rechtlichen Fernsehen sind!«

Wie hätte ein erfolgreicher Konter des Politikers aussehen können? Die Frechheit der Frage war ohnehin jedem Zuschauer klar und bedurfte aus diesem Grund keiner verunglückten Antwort mehr. In solchen Fällen ringt man sich am besten ein Lächeln ab und fragt zurück: »Was schätzen Sie denn?« Oder etwas ernsthafter: »Wie kommen Sie zu dieser Frage?« Oder auch völlig nichts sagend: »Wo denken Sie denn hin?«

Bevor Sie in eine Provokationsfalle tappen, schweigen Sie lieber oder antworten Sie nichts sagend.

> **Übungen**
>
> 1. Kontern Sie die folgenden aggressiven Fragen. Verwenden Sie dazu eine der in diesem Kapitel erwähnten Techniken: Kontern mit einer Frage oder Gegenfrage, Kontern mit Hilfe der Interpretation, Kontern mit der Ja-aber-Technik oder Kontern durch Aufschieben.
> a) »Glauben Sie etwa, das wird ohne Folgen bleiben?«
> b) »Was bist du bloß für ein Mensch?«
> c) »Soll ich dich mal auf Vordermann bringen?«
> d) »Was haben Sie sich bei diesem Unsinn eigentlich gedacht?«
>
> 2. Ein aggressiver Gesprächspartner wirft Ihnen eine wütende Phrase an den Kopf. Kontern Sie so gelassen wie möglich, und überraschen Sie Ihr Gegenüber mit einer unerwarteten Antwort.
> a) »Sie sind ein Kamel!«
> b) »Sind Sie noch zu retten?«
> c) »Jetzt beeilen Sie sich doch endlich mal!«
> d) »Du weißt aber auch rein gar nichts!«
>
> 3. »Wenn ich Ihre Frau wäre, würde ich Gift in Ihren Kaffee tun.« Versuchen Sie, diese kleine Spitze schlagfertig zu kontern.
>
> Lösungshinweise finden Sie auf Seite 144f.

Kritikgespräche konstruktiv führen

Kritikgespräche gewinnt oder verliert man nicht. Ein Kritikgespräch ist vielmehr erfolgreich, wenn beim Kritisierten die beabsichtigte Verhaltensänderung eintritt. Und wie einfach wäre doch der Umgang mit Kritik, wenn alle Kritisierten sich nach einem Satz aus Shakespeares »Viel Lärm um nichts« verhalten würden: »Glücklich sind, die erfahren, was man an ihnen aussetzt, und sich danach bessern können.« Doch selbst, wenn eine Kritik sachbezogen und damit tatsächlich so abgefasst ist, dass sie den Empfänger klüger machen und ihm nützen könnte, haben viele Kritisierte Probleme damit, sie anzunehmen, oder – was noch schlimmer ist – die Kritik wird akzeptiert, aber sie hat keine Konsequenzen.

Wie also führt man ein gutes Kritikgespräch, das dazu führt, dass der Kritisierte die Kritik bei seinen künftigen Handlungen auch berück-

Ein Kritikgespräch war erfolgreich, wenn der Kritisierte sein Verhalten ändert.

sichtigt? Diese Frage wird im Folgenden anhand von Beispielen aus dem Berufsbereich näher beleuchtet, doch gelten fast alle Ratschläge, die hier gegeben werden, genauso für das Kritikgespräch im privaten Bereich, etwa in der Erziehung.

Den Kritisierten nicht mit Argumenten erschlagen

In einer sprachlichen Auseinandersetzung, in der die Beteiligten nicht nur rational, sondern auch emotional engagiert sind, haben gute Argumente häufig nur eine geringe Überzeugungskraft. Insbesondere wenn einer der beiden Gesprächspartner von dem anderen kritisiert wird, birgt das dadurch entstehende Reizklima einen guten Boden für alle Arten von absichtlichem oder unabsichtlichem Un- und Missverständnis. Gut ausgebildete Vorgesetzte beispielsweise neigen nicht selten dazu, sprachliche Auseinandersetzungen mit ihren Mitarbeitern vor allem argumentativ zu führen. Das mag daran liegen, dass sie in der Regel über einen Ausbildungs- oder Qualifikationsstand verfügen, der es geradezu nahe legt, die eigene Meinung mit einer soliden Grundlage aus Fakten und logischen Schlussfolgerungen zu untermauern. So wird der Gesprächspartner (oder sollen wir an dieser Stelle ehrlicherweise Gegner

---

Wann soll man seine Unzufriedenheit äußern?

Wie lernt ein Kind, dass es nicht mit der Hand auf eine heiße Herdplatte fassen darf? Allem pädagogischen Optimismus zum Trotz gibt es dafür wahrscheinlich nur ein Mittel: einmal berühren! Das Faszinierende an diesem Ereignis ist, dass es einen für das ganze Leben klug macht. Psychologisch erklärt sich dieser Lernerfolg aus der annähernden Gleichzeitigkeit von Tat und Schmerz. Denn je später eine gute Tat belohnt und eine schlechte Tat bestraft wird, desto geringer ist der Lernerfolg. Würde der Schmerz erst einen Tag nach dem Berühren der Platte auftreten, hätten wir vielleicht nur noch Kinder mit verbrannten Händen.
Ähnlich verhält es sich mit der Kritik: Soll sie zu einer Verhaltensänderung führen, so muss sie möglichst umgehend erfolgen. Eine effektive negative Kritik ist damit so etwas wie ein schlagfertiger Konter auf einen Fehler oder eine schlechte Leistung. Und trotzdem ist es ungemein wichtig, dass man in der gebotenen Eile nichts Falsches sagt!

Schieben Sie berechtigte Kritik nicht auf die lange Bank, sondern äußern Sie sie sofort!

sagen?) in erster Linie durch die Wucht rationaler oder zumindest rational klingender Argumente an die Wand gedrückt. In einem »vernünftigen« Kritikgespräch wird dem Kritisierten auf unwiderlegbare Weise klargemacht, dass er Fehler begangen hat. Gründliche Vorgesetzte versäumen es darüber hinaus auch nicht, die Art der Fehler darzustellen und auf das in Zukunft erwünschte Verhalten hinzuweisen. Trotz alledem wundern sie sich später, dass manche Mitarbeiter auf diese vernunftbetonte Form der Kritik zwar im günstigsten Falle während des Gesprächs so etwas wie Einsicht zeigen, dass aber die erwünschten Verhaltensänderungen ausbleiben.

Sind die kritisierten Menschen – wie gern behauptet wird – hoffnungslose Fälle, oder wird hier vielleicht ganz einfach eine unpassende Art der sprachlichen Auseinandersetzung gewählt?

Die subjektiv-emotionale Seite lässt sich nicht ausblenden

Versetzt man sich in die Lage des Kritisierten, so wird schnell klar, dass man es hier – je nach Art und Schwere des Fehlverhaltens, aber auch nach der Persönlichkeit des Kritisierten – mit einem ganzen Bündel von negativen Emotionen zu tun hat. Auch wenn die Kritik noch so sachlich vorgetragen wird, lässt es sich nicht vermeiden, zum Ausdruck zu bringen, dass es zu jedem Fehler jemanden gibt, der ihn verursacht hat. Selbstverständlich wird der Hinweis: »Sie haben an dieser Stelle den und den Fehler gemacht« eher akzeptiert als eine personenbezogene oder beleidigende Kritik: »Aus Ihnen wird nie ein brauchbarer Mitarbeiter.« Dennoch scheinen selbst die besten Argumente in ihrer Wirkung so flüchtig zu sein wie ein schlechtes Parfüm. Woran liegt das?

Ein Kritikgespräch ist für den Kritisierten eine Stresssituation

Zum einen *weiß* der Kritisierte in vielen Fällen, dass er etwas falsch gemacht hat, und damit sagt ihm die Kritik nichts Neues. Sie macht ihn nicht klüger, allenfalls abweisender, und zwar umso mehr, je weniger er von einer Unterredung Gutes erwartet. Zum anderen ist ein Kritikgespräch (nicht nur, aber vor allem) für den Kritisierten mit erheblichem Stress verbunden. Und je stärker die Stressreaktion ausfällt, desto mehr gewinnen die Instinkte anstelle des Verstandes die Oberhand, und diese Instinkte reagieren nicht auf das vorgebrachte Argument, sondern auf den als solchen empfundenen *Angriff*. Die instinktive Reaktion auf einen Angriff ist aber stets entweder die Verteidigung oder die Flucht bzw. Unterwerfung. Sprachlich gesehen sind das Ausflüchte, Be- und Entschuldigungen und bisweilen sogar Beleidigungen oder der Vorwurf, beleidigt worden zu sein.

> Den Kritisierten in die Ecke zu drängen bringt ebenso wenig, wie ihn zu Ausreden zu veranlassen.

Damit aber erweist sich die Mühe, die bei einem Kritikgespräch in eine einwandfreie Argumentation gesteckt wird, schlicht als Fehlinvestition. Bleibt demnach nur die Resignation vor der Unbelehrbarkeit mancher Mitmenschen? Ganz sicher nicht, denn es gibt noch ein sprachliches Mittel, das viel einfacher zu beherrschen und einzusetzen ist als eine schwierige Argumentation und das mühelos selbst starke Barrieren in der Kommunikation durchdringt: Dies ist das Mittel einer guten und echten Frage.

Richtige Fragetechnik – die offene Frage

Gute Fragen haben in Gesprächen einen hohen strategischen Wert.

Eine Frage zwingt den Befragten zu einer Auseinandersetzung mit dem Thema, und sie erwartet als Reaktion weder ein vorzeitiges Schuldeingeständnis noch eine Abwehr. Während selbst gut begründete Vorwürfe dem Gegenüber kaum eine andere Wahl lassen, als diese entweder zu akzeptieren (und sich damit zu unterwerfen) oder abzulehnen, indem Gegenargumente angeführt werden, fordert eine Frage eine Begründung oder Erklärung für das Geschehene. Gegen eine Frage kann man sich also schon allein deshalb schlechter zur Wehr setzen, weil man sich gegen sie zunächst einmal nicht wehren muss und letztendlich auch nur schlecht wehren kann.

Antipathie unter dem Deckmäntelchen sachlicher Argumente

Wer einem anderen auf seine guten Argumente aus rein gefühlsmäßigen Gründen nicht Recht geben mag, weil ihm irgendetwas an der Person oder dem Verhalten nicht gefällt, dessen Verstand wird Mittel und Wege finden, eine Ablehnung im Gewand einer rational erscheinenden Argumentation darzulegen. Daher sind so manche intellektuell wirkende Auseinandersetzungen nur akademisches Wortgeklingel, hinter denen in Wirklichkeit so profane Gefühle wie Neid, Missgunst, verdeckte Minderwertigkeits- oder Schuldkomplexe ein Eigenleben führen. Nur der beharrlich und vorsichtig Fragende wird diese »Argumentationsbegleiter« offen legen und sie mit viel Geschick und Geduld vielleicht sogar seinem Gesprächspartner vor Augen führen können, denn – dies muss man mitunter berücksichtigen – die wahren Gründe des eigenen Tuns sind nicht jedem allein deshalb bewusst, weil er scheinbar vernünftig zu argumentieren in der Lage ist.

Die offene Frage

Für ein Kritikgespräch geeignet sind vor allem offene Fragen, d. h. Fragen, die die Antwort nicht schon in irgendeiner Weise vorwegnehmen und dem Befragten eine echte Möglichkeit zur Darstellung des Sachverhalts bieten. So können sukzessive und zugleich offene Fragen wie
- »Was ist hier geschehen?«
- »Wer war zu diesem Zeitpunkt hier?«
- »Wo waren Sie zu diesem Zeitpunkt?«
- »Was haben Sie dort gemacht?«
- »Warum haben Sie sich so verhalten?«
- »Wie können wir in Zukunft vermeiden …?«

einen erheblichen Druck ausüben, ohne indessen zu jener verhängnisvollen Reaktion zu führen, die mit einiger Wahrscheinlichkeit eintritt, wenn die Gesprächseröffnung beispielsweise lautet:
- »Sie übersehen immer wieder, dass Sie in dieser Situation …!«
- »Habe ich Ihnen nicht schon hundertmal gesagt …?«

Offene Fragen als schlagfertige Konter

Mit offenen Fragen lassen sich Einwände und Vorwürfe aber nicht nur geschickt formulieren, man kann sie ebenso gut dazu verwenden, um Einwände und Vorwürfe schlagfertig zu kontern. Insbesondere wenn eine Kritik nicht sachlich ist, haben offene Fragen den Vorteil, dass man nicht der Versuchung verfällt, ebenfalls unsachlich darauf zu reagieren. Sie bieten darüber hinaus zuweilen die Chance, ein Gespräch wieder in ein konstruktiveres Fahrwasser zu leiten.

> Offene Fragen sind ein Mittel für den Kritisierenden wie für den Kritisierten.

- *Vorwurf:* »Du bist ein Armleuchter.«
  Offene Frage: »Warum beleidigst du mich?«
- *Vorwurf:* »Ihr Vorgänger hat das immer anders gemacht.«
  Offene Frage: »Wieso ist mein Vorgehen deshalb falsch?«
- *Vorwurf:* »Ich verstehe einfach nicht, wie Sie das tun konnten.«
  Offene Frage: »Was stört Sie denn daran? Vielleicht kann ich es Ihnen erklären?«
- *Vorwurf:* »Das ist doch nicht mein Bier.«
  Offene Frage: »Warum gehst du dem Problem aus dem Weg?«

Welches Gesprächsziel verfolgen Sie?

Obwohl man auch (oder erst recht) mit Fragen einen beträchtlichen Druck erzeugen kann, ist es nicht immer psychologisch klug oder angebracht, dies auch zu tun. Ob und wie viel Druck man ausübt, hängt davon ab, wie empfindlich der Gesprächspartner ist, und welches Ziel man mit dem Kritikgespräch verfolgt. So kann z. B. ein Vorgesetzter ein Gespräch mit seinem Mitarbeiter mit der Frage einleiten: »Sagen Sie mal Herr M., wie beurteilen Sie eigentlich Ihre in der letzten Zeit gezeigte Leistung?« Obwohl es sich hier im Prinzip um eine offene Frage handelt, hört man klar heraus, dass auf eine solche Eröffnung am Ende der Partie nur das Schachmatt stehen kann. An dieser Stelle muss man sich als der Kritisierende über sein Gesprächsziel im Klaren sein:

Wollen Sie nur Dampf ablassen, oder wollen Sie eine Verhaltensänderung beim Kritisierten bewirken?

a) Dient das Kritikgespräch vorrangig dazu, dem eigenen Ärger Ausdruck zu verleihen?
b) Soll das Kritikgespräch mit einem Zugeständnis des Kritisierten enden?
c) Soll das Kritikgespräch künftig zu einer Verhaltensänderung des Kritisierten führen?

Die geeignete Gesprächseröffnung

Besonders, wenn Beziehung und Kommunikation zwischen zwei Gesprächspartnern gestört sind, wird man – wie oben schon angedeutet – mit einer Kritik in Form einer offenen Einleitung oder Frage wahrscheinlich nicht zum Zug kommen. Beginnt beispielsweise der Chef ein Kritikgespräch mit der Frage: »Na, Herr M., wie kommen Sie denn mit Ihrer Arbeit zurecht?«, hat er bei einer gestörten Beziehung zu seinem Mitarbeiter mit Sicherheit keine Aussicht auf eine ehrliche Antwort. Die übliche Reaktion lautet in diesem Fall wahrscheinlich: »Gut. Wieso?« Die unsichere Rückfrage signalisiert bereits die Störung auf der Beziehungsebene und damit ein ganzes Paket von negativen Erwartungen, die eine Auseinandersetzung in der Sache erschweren werden.

Eine Einleitung, die Entgegenkommen signalisiert

Schon mit dem ersten Satz können Sie die Weichen für den Verlauf des Kritikgesprächs stellen.

Bisweilen wird einem darum gar nichts anderes übrig bleiben, als die Vorgaben doch schon bei der Gesprächseröffnung festzulegen und dann mit einer Art Angebot zur Fragetechnik zu wechseln: »Herr M., mir ist aufgefallen, dass Ihnen Ihre Arbeit in letzter Zeit nicht mehr so leicht von der Hand zu gehen scheint wie früher. Sie haben z. B. für den Vorgang A ganze zwei Tage gebraucht, und als Sie ihn schließlich abgeschlossen haben, war er voller Fehler. Solche Dinge sind Ihnen in den letzten Wochen öfter passiert. Haben Sie irgendwelche Probleme mit Ihrer Arbeit?« Lautet die Antwort »ja«, so ist man im Gespräch und kann sich gemeinsam um eine Lösung bemühen. Lautet die Antwort »nein«, so kann man dem eigenen Anliegen durch weitere Fragen im Sinne des »warum nicht« weiterhelfen.

Die richtige Einleitung

Selbstverständlich muss derjenige, der dieses Gespräch »führt«, bereit sein, auch den eigenen Kritikstandpunkt gegebenenfalls zu revidieren oder zumindest anzupassen – doch dies sollte für jede Art von Kritik selbstverständlich sein. Schließlich liegt es auch im Rahmen der Möglichkeiten, dass man sich selbst geirrt oder falsche Informationen erhalten hat.

Die Person des Kritisierten akzeptieren

Obwohl die Einleitung in ein Kritikgespräch also eher argumentativ ist, indem sie ohne große Umwege zur Sache kommt und zunächst einmal Fakten vorstellt, ist die fragende Gesprächstechnik spätestens an der Stelle angebracht, an der der Kritisierte Stellung nimmt, sich verteidigt, vielleicht auch aggressiv wird, zumindest aber in eine Abwehrhaltung geht. Eine solche Abwehrhaltung ist ganz natürlich und sollte von jedem Kritiker akzeptiert werden, schließlich wird niemand gerne negativ beurteilt. Die Fragetechnik kann jetzt sogar die Funktion der Frustrationsbehandlung übernehmen, das bedeutet beispielsweise, dass der Vorgesetzte eine akzeptierende Haltung gegenüber der Person des Mitarbeiters einnimmt, auch wenn ihm dessen augenblickliches Verhalten als dumme Ausrede erscheint. An dieser Stelle ist es hilfreich, sich gefühlsmäßig in den Kritisierten zu versetzen.

Ein geflügeltes Wort lautet: »Der Ton macht die Musik.« Auch bei der Kritik kommt es darauf an, wie sie geäußert wird.

Die Frage der Schuld möglichst ausklammern

<small>Bestehen Sie nicht unter allen Umständen auf einer Entschuldigung.</small>

Sind die Verstöße schwerwiegenderer Art, wird aus einer einfachen Kritik schnell eine Anschuldigung, und so erwartet man von dem Kritisierten möglicherweise sogar eine Entschuldigung. So berechtigt diese Erwartung in manchen Fällen sein mag: Eine Entschuldigung sollte man nicht unbedingt verlangen, denn auf diese Weise verkommt die erhoffte Einsicht schnell zu einer bloßen Geste der Unterwerfung. Aus der Klärung der Schuldfrage erwächst nicht zwangsläufig die Lösung des Problems, die Beschäftigung mit ihr behindert diese Lösung bisweilen sogar. Erst die Einsicht in das richtige oder zumindest bessere Verhalten führt einen Schritt weiter.

Werden jetzt, eben um jene Einsicht zu fördern, die Ursachen und Konsequenzen des Fehlverhaltens erörtert, so muss sich der Kritiker in die Rolle des guten Fragers begeben, dessen Interesse die Diagnose und Korrektur des Fehlers ist, nicht aber die Niederlage des Kritisierten.

Partnerorientierte Fragen

Die meisten Fragen in einem Kritikgespräch sollten partnerorientiert sein. So geben sie dem Kritisierten Gelegenheit, sich auch mit den eigenen Wünschen und Bedürfnissen auseinander zu setzen. Wenn der Chef z. B. einen Mitarbeiter darauf hinweisen muss, dass er sicherheitsrelevante Bestimmungen verletzt, führt er ihn idealerweise durch geeignete Fragen zu der Einsicht, dass es seine Sicherheit ist, um die es geht, und darum muss er zunächst einmal erfragen, ob ihm diese Sicherheit um seiner selbst oder seiner Familie willen überhaupt wichtig ist. Die Eingangsfrage kann also lauten: »Wie viel liegt Ihnen eigentlich an Ihrer Gesundheit/an einem bestimmten durch die Arbeit gefährdeten Körperteil?« Und weiter: »Wissen Sie auch, was hierbei geschehen kann/schon geschehen ist?« Das Gespräch sollte also durch geeignete

<small>Gehen Sie in einem partnerorientierten Gespräch nicht nur auf Ihre eigenen, sondern auch auf die Bedürfnisse des Kritisierten ein!</small>

Fragen so aufgebaut werden, dass das angestrebte Verhalten nichts anderes ist als das, was sich der Kritisierte selbst wünschen kann. Dass vielleicht der eine oder andere Angesprochene bei derartigen Gesprächseröffnungen irritiert ist, spielt keine Rolle, solange dieses Gefühl die Nachdenklichkeit fördert.

Wer sich jedoch als Vorgesetzter nicht im Griff hat und eine solche Eröffnung stets mit einem leicht ironischen oder auch oberlehrerhaften Unterton vorträgt, der sollte besser direkt mit der zweiten Frage bzw. mit einer Eröffnung beginnen wie: »Ich beobachte gerade Ihre Arbeitsweise. Ist das nicht riskant?« Optimal wäre es geradezu, wenn der Mitarbeiter durch die richtigen Fragen dazu gebracht wird, sein Fehlverhalten selbst zu diagnostizieren, denn bekanntlich ist ja die eigene Überzeugung die einzige, der man wirklich folgt.

Das persönliche Anliegen deutlich machen

Ist die Situation hingegen so, dass der Mitarbeiter das erhöhte Risiko leichtfertig auf sich nimmt, letztlich jedoch der Vorgesetzte die Konsequenzen für einen Unfall zu tragen hätte, so muss diese emotionale Not des Vorgesetzten eben in das Gespräch einfließen. Damit werden weiter gehende Maßnahmen (auch disziplinarischer Art) für den Mitarbeiter leichter nachvollziehbar, als wenn man ihm ausschließlich ein paar Paragraphen oder nummerierte Vorschriften an den Kopf wirft. Was glauben Sie, welche Argumentation Sie eher dazu bewegen würde, die Vorschriften auch dann einzuhalten, wenn der Vorgesetzte außer Sichtweite ist?

a) »Ich verstehe ja, dass Sie diesen Helm nicht gerne tragen, aber Sie müssen begreifen, dass ich das nicht dulden kann, weil Sie damit unsere Vorschriften verletzen und weil Sie mich durch Ihr Verhalten in Schwierigkeiten bringen. Wenn Sie hier vorschriftswidrig ohne Helm arbeiten, wollen die Kollegen drüben im Block C ebenfalls keine Helme tragen, und Sie wissen ja, was in der Vergangenheit schon passiert ist und welchen Ärger ich damals hatte.«

b) »Wissen Sie, dass Sie Paragraph 2 Absatz 2 unserer Unfallverhütungsverordnung verletzen, und welche rechtlichen Konsequenzen das für Sie haben kann?«

Das bedeutet nicht, dass man den rechtlichen Aspekt in solchen Gesprächen außen vor lassen soll, doch sollte man sich ehrlich überlegen, wann er auch psychologisch überzeugend ist. So ist in dem ersten Fall das Befolgen der Vorschrift nicht nur ein rechtliches, sondern zugleich ein persönliches Anliegen, das dem Mitarbeiter darüber hinaus auch begründet wird.

Eine Äußerung der persönlichen Betroffenheit kommt eher an als eine völlig allgemeine Aussage.

Fragen, die keine sind

Wer sich nun entscheidet, konfliktbeladene Situationen künftig mit Hilfe von geeigneten Fragen zu bewältigen, sollte darauf achten, dass die verwendeten Fragen von ihrer Wirkung auf den Zuhörer her auch wirklich echte Fragen sind. Denn es gibt Fragen, die zwar von ihrer Syntax (dem Satzbau) her und durch die Verwendung des Fragezeichens wie Fragen aussehen, sich bei näherer Betrachtung jedoch als Aussagen mit zweifelhafter Bedeutung entpuppen. So ist die bei Konflikten häufig gebrauchte Formulierung »Was hast du eigentlich gegen mich?« oft nur

> **Entkräften Sie nicht selbst Ihre guten Fragen**
>
> Man kann die gute Wirkung echter Fragen verschenken, wenn man folgende Fehler macht:
> ▶ Man stellt die Frage und beantwortet sie umgehend selbst, z. B.: »Wie konnte Ihnen dieser Fehler unterlaufen? Sie haben wahrscheinlich, nicht daran gedacht, dass ...« Damit ist der Befragte nicht mehr in der Pflicht, eine Antwort zu geben, im schlimmsten Falle ist er noch nicht einmal in der Pflicht, sich überhaupt äußern zu müssen.
> ▶ Man stellt mehrere Fragen hintereinander, z. B.: »Warum haben Sie die Maschine so spät abgestellt? Haben Sie denn nicht bemerkt, dass der Ölstand zu niedrig war?« Der Befragte hat nun die freie Auswahl, auf welche Frage er antworten soll, im schlimmsten Falle bekommt er mit der zweiten Frage sogar die Ausrede präsentiert.

Auf rhetorische Fragen beispielsweise werden keine Antworten erwartet.

von der Form her eine Frage, tatsächlich verbergen sich dahinter aber zwei Feststellungen und eine Forderung:
▶ Feststellung 1: »Ich weiß, dass du etwas gegen mich hast.«
▶ Feststellung 2: »Was du da glaubst, ist falsch.«
▶ Forderung: »Jetzt ändere gefälligst deine Ansicht!«

Es wundert nicht, wenn die Antwort auf einen solchen Vorstoß lautet (sehr unfreundlich): »Wie kommst du denn darauf, dass ich etwas gegen dich habe?«

In ähnlicher Weise verhält es sich mit den Fragen
▶ »Wie oft muss ich dir noch sagen, dass ...?«
▶ »Wann wirst du endlich Vernunft annehmen?«
▶ »Warum begreifst du nicht endlich, dass ...?«

Sie zielen nicht auf eine Antwort ab, sondern drücken lediglich einen Vorwurf oder eine Herabsetzung aus. Im beruflichen Bereich werden unechte Fragen von Vorgesetzten und Kollegen bisweilen auch eingesetzt, um damit Anordnungen und Befehle geschickt als fragende Bitte zu kaschieren:
▶ »Könnten Sie das nicht schnell für mich erledigen?«
▶ »Möchten Sie das nicht schnell bei Herrn X abholen?«

Würde man darauf (ausnahmsweise) einmal mit einem klaren Nein antworten, hätte das sicherlich interessante Folgen für die Beziehung zum anderen.

Übungen

1. Diese Übung soll Ihnen noch einmal den Unterschied zwischen persönlicher und sachlicher Kritik vor Augen führen.
Analysieren Sie bitte die folgenden Aussagen danach, ob sie eher die Person oder die Leistung kritisieren.

Nach einer sachlichen Kritik weiß der Kritisierte, was von ihm künftig erwartet wird.

		Person	Leistung
a)	»Bei Ihrer Einstellung zur Arbeit habe ich nichts Besseres erwartet …«	☐	☐
b)	»Sie verstehen auch rein gar nichts. So jedenfalls geht es nicht weiter!«	☐	☐
c)	»Der Fehler ist aufgetreten, weil Sie diese Maschine zwei Minuten zu früh abgeschaltet haben.«	☐	☐
d)	»Wenn Sie sich mehr anstrengen, könnte aus Ihnen vielleicht ein brauchbarer Mitarbeiter werden.«	☐	☐
e)	»Sie Trottel, können Sie sich nicht wie ein vernünftiger Mensch benehmen?!«	☐	☐
f)	»Zwischen diesen Teilen ist noch ein zu großer Spielraum. Sie sollten das besser so … machen.«	☐	☐
g)	»Ich gebe die Hoffnung auf. Sie lernen es nie!«	☐	☐
h)	»Ich kann es nicht glauben: Sie sind einfach zu ungeschickt.«	☐	☐
i)	»Sie hätten den Ölstand besser bei betriebswarmem und stehendem Motor prüfen sollen.«	☐	☐
j)	»Dieser Fehler geht auf Ihre Schlamperei zurück.«	☐	☐
k)	»Sie haben folgende Gesichtspunkte übersehen.«	☐	☐

2. Formulieren Sie die folgenden Kritiken in Form offener Fragen. Zur Erinnerung: Offene Fragen sind echte Fragen, die alle Antwortmöglichkeiten offen lassen.

a) »Sie haben wieder übersehen, dass wir hier anders vorgehen!«
b) »Sie verstoßen gegen unsere Vorschriften, wenn Sie Ihre Sicherheitsschuhe nicht tragen!«
c) »Du weißt genau, dass diese Ordner ins zweite Regal gehören!«
d) »Sie haben gefälligst pünktlich zur Arbeit zu erscheinen!«

Lösungshinweise finden Sie auf Seite 145f.

Sicherheit im Gespräch durch schlüssige Definitionen

In der Rhetorik dienen Definitionen vor allem der Klärung von Begriffen. Das, was definiert und geklärt werden soll, bezeichnet man als Definiendum, das, wodurch es definiert wird, als Definiens. Wird z. B. ein Proton als positiv geladener Teil eines Wasserstoffatoms definiert, so ist »Proton« das Definiendum und »positiv geladener Teil eines Wasserstoffatoms« das Definiens.

Definitionen und ihre Tücken

Fügungen wie »nasses Wasser« oder »flache Ebene« bezeichnet man als Pleonasmen.

Beim Aufstellen von Definitionen ist darauf zu achten,
▶ dass alle wesentlichen Punkte des Definiendums bedacht werden, dass aber nicht zu viele Merkmale angegeben werden. Letzteres bezeichnet man als Pleonasmus: eine überflüssige Anhäufung von Wörtern mit ähnlicher Bedeutung, die keine unterscheidenden Informationen transportieren (»weißer Schimmel«);
▶ dass alle Definitionen untereinander widerspruchsfrei sind und kein so genannter Circulus vitiosus, kein Zirkelschluss vorliegt (»ein Kreis ist ein kreisförmiges Gebilde«).

Ohne zu sehr ins Detail zu gehen, lässt sich sagen, dass eine (Begriffs-) Definition immer befriedigend ist, wenn sie in allen Situationen stell-

---

Unauflösbarer Widerspruch

Eine Definition, die die genannten Forderungen nicht erfüllt, kann in Diskussionen und Gesprächen dazu führen, dass die Bemühungen aller Beteiligten von vornherein zum Scheitern verurteilt sind. So mussten sich Theologen, die den Begriff der Allmacht nicht auf Widerspruchsfreiheit untersucht hatten, von einem – wahrscheinlich aus der jüdischen Talmud-Schule stammenden – Logiker die spitzfindige Bemerkung gefallen lassen: »Wenn Gott allmächtig wäre, dann könnte er einen Stein schaffen, der zu schwer wäre, als dass er ihn heben könnte.« Was daraus für den Begriff der Allmacht folgt, mag jeder für sich überlegen. Jedem gläubigen Christen, Juden oder Moslem möchte ich aber versichern, dass Gott darauf sicherlich einen schlagfertigen Konter hat, sofern er denn die Lust verspürt, für das einzustehen, was ihm die Theologen verschiedener Religionen eingebrockt haben.

vertretend für den definierten Begriff eingesetzt werden kann, wenn sich also Definiendum und Definiens gegenseitig ersetzen können. Man hat dabei die Möglichkeit, das Besondere im Allgemeinen zu betonen (»Der Mensch ist ein Tier, das spricht.«), einen Gegenstand durch seinen Gebrauch zu bestimmen (»Ein Hammer ist ein Werkzeug, mit dem man Nägel in die Wand schlägt.«) oder rein theoretisch zu bleiben (»Eine Gerade ist die kürzeste Verbindung zwischen zwei Punkten.«).

Der Circulus vitiosus (Zirkelschluss)

Ein Beispiel dafür, wie ein Circulus vitiosus selbst großartige und anerkannte Theorien zu einer Ansammlung leerer Sätze abwerten kann, gibt eine gängige Darstellung der Darwinschen Abstammungslehre. Diese gründet im Wesentlichen auf zwei Säulen: der zufälligen Mutation auf der einen und der Selektion auf der anderen Seite. Nimmt man den Begriff der Selektion unter logischen Gesichtspunkten einmal genauer unter die Lupe, kommt man zu einem überraschenden Ergebnis:
In einer üblichen Darstellung bedeutet Selektion das Überleben des Stärksten oder Bestangepassten. Will man an dieser Stelle nicht metaphysisch werden, so wird man auch diese Begriffe weiterhin so zu definieren haben, dass man ihnen eine empirische, also aus der Erfahrung begründete Bedeutung geben kann. Das empirisch verlässlichste Indiz für Stärke oder Angepasstheit ist zweifellos die Tatsache des Gewinnens, letztlich also des Überlebens. Unversehens hat man sich jetzt jedoch in dem Teufelskreis der Bedeutungslosigkeit gefangen: Selektion bedeutet das Überleben des Stärksten, und der Stärkste ist derjenige, der überlebt. Mit anderen Worten: Derjenige überlebt, der überlebt.

Mit einem Zirkelschluss sagt man letztlich nichts aus. Er ist eine Art argumentativer Teufelskreis.

Man sieht also, dass man in den Anforderungen an Definitionen eine gewisse Strenge walten lassen muss, um im weiteren Verlauf einer Diskussion nicht in nichts sagende Auseinandersetzungen verstrickt zu werden. Auf der anderen Seite gilt: Wer absolute Klarheit vermeiden möchte und sich an späterer Stelle mit der Bemerkung »Das habe ich so nicht gemeint« aus der Verantwortung stehlen will, der darf sich zu Beginn nicht zu eindeutigen Definitionen hinreißen lassen.

Eine schwammige Ausdrucksweise erfüllt manchmal auch einen Zweck.

Wenn der Gesprächspartner anderer Ansicht ist

Was jedoch ist zu tun, wenn eine aufgestellte, festsetzende Definition auf Widerspruch beim Gesprächs- oder Diskussionspartner stößt? Da festsetzende Definitionen im Gegensatz zu feststellenden, lexikalischen Definitionen, die man nachschlagen kann, keinen Anspruch auf Wahrheit oder Wirklichkeitsgeltung haben, ist ihre Aufstellung willkürlich

Viele Definitionen sind eine Sache der persönlichen Herangehensweise und daher nicht allgemein verbindlich.

und nicht für alle Anwesenden verpflichtend (also z. B.: »Unter einem schadstoffarmen Rasenmäher verstehe ich … Ein faires Spiel ist für uns ein Spiel, das …«). Der Gesprächspartner kann darauf also durchaus mit der Bemerkung reagieren: »Hören Sie, darunter verstehe ich aber etwas ganz anderes …!« Aufgrund des fehlenden Wahrheitswerts der festsetzenden Definition ist der Wert einer vernünftigen Diskussion in solchen Fällen oft zweifelhaft, man greift deshalb zur Rhetorik, indem man z. B.

▶ das Gemeinsame der eigenen Definition mit dem Einwand entdeckt: »Sie haben es jetzt etwas anders ausgedrückt. Im Grunde meinen Sie ja das Gleiche wie ich.«

▶ aus beiden Definitionen eine macht: »Das ist eine etwas andere Sichtweise, aber das können wir ja als zusätzliche Forderung übernehmen.«

▶ die Definition des anderen zwar annimmt, aber nicht verwertet: »Gut, dass Sie das sagen! Von dieser Warte aus habe ich die Sache noch nicht betrachtet. Da könnten Sie Recht haben.« Dann machen Sie weiter, als hätte der andere nichts gesagt. Aus der Tatsache, dass Sie seine Auffassung bejaht haben, folgt noch lange nicht die Verpflichtung, sie auch angemessen zu berücksichtigen! Die Entfernung zu einer sachlichen Auseinandersetzung wird allerdings bedenklich, wenn man diese Taktik in die Form einer Suggestivfrage von der Art kleidet: »Gut, dass Sie das erwähnen, aber Sie sind doch wahrscheinlich auch der Ansicht …?«

Schlagfertig kontern mit Definitionen

Die meisten Alltagsbegriffe sind in vielerlei Hinsicht deutungsfähig. So sehr das bisweilen die Eindeutigkeit der Kommunikation belastet, so einfach kann man sich diesen Umstand aber auch zunutze machen, um z. B. aus einem Vorwurf das Beste für sich herauszuholen. Der Kunstgriff besteht darin, aus dem negativen Gesagten einen positiven Aspekt, eine positive Bedeutungsvariante herauszufiltern und diese in den Vordergrund zu stellen.

> Gewinnen Sie dem Vorwurf seine positive Seite ab.

- *Vorwurf: »Sie haben ein Geschäftsgebahren wie ein Hai!«*
  Konter mit Definition: »Wenn Sie damit meinen, dass ich auch mal gegen den Strom schwimme, dann haben Sie Recht.«
- *Vorwurf: »Wir benehmen uns wie kleine Kinder!«*
  Konter mit Definition: »Richtig, genauso unvoreingenommen und vorurteilslos.«
- *Vorwurf: »Sie Schlafmütze!«*
  Konter mit Definition: »Stimmt: Ich schlafe gern, bin deshalb meist gut ausgeruht und verliere nicht – wie Sie – bei jeder Kleinigkeit gleich die Nerven.«
- *Vorwurf: »Sei nicht so überempfindlich!«*
  Konter mit Definition: »Ich bin nun einmal sehr sensibel.«
- *Vorwurf: »Spinner!«*
  Konter mit Definition: »Wenn du damit meinst, dass ich Probleme mit Phantasie und Kreativität unkonventionell anpacke, hast du Recht.«
- *Lob: »Sie sind flink wie ein Wiesel!«*
  Konter mit Definition: »Ich verbitte es mir, mit einem Stinkmarder verglichen zu werden!«

Wie das letzte Beispiel zeigt, können Sie – wenn Sie es darauf anlegen – auf diese Weise auch ohne Weiteres aus einem Lob eine Beschimpfung machen.
Viele Vorwürfe sind ausgesprochen pauschal. Wenn Sie sie in Ihrem Sinne präzisieren, können Sie auf diese Weise solche pauschalen Verurteilungen schlagfertig kontern. Natürlich findet dabei eine Umdefinition dessen statt, was der Gesprächspartner gemeint hat. Das ist jedoch gewollt, fördert es ja möglicherweise sogar die Nachdenklichkeit des anderen. Zumindest haben Sie bei einer pfiffigen Umdeutung die Lacher auf Ihrer Seite, und damit ist der Vorwurf auf der wichtigen emotionalen Ebene bereits entkräftet.

Ob man sagt, das Glas ist halb voll oder halb leer, ist auch eine Frage der Lebenseinstellung.

Übungen

1. Kontern Sie durch Definieren:
a) »Sie verhalten sich wie eine Ratte!«
b) »Sie betreiben eine Vogel-Strauß-Politik!«
c) »Sie sind vielleicht ein Komiker!«
d) »Sie sind ja fleißig wie eine Biene!«

2. Üben Sie, ein Wort oder eine Phrase mit einer negativen Tendenz aufzugreifen und ihm oder ihr in kürzester Zeit eine positive Wendung zu geben, ohne an der ursprünglichen Bedeutung viel zu ändern. Sie trainieren damit das Kontern auf negative Beschreibungen. Aus einem »kalten Regentag« könnte so beispielsweise das »richtige Wetter zum Daheimbleiben« werden.

Negative Formulierung	Positive Formulierung
a) Chaos	
b) Nicht geschafft	
c) Verboten für	
d) Sich streiten	
e) Vorschnell	
f) Randalieren	
g) Belehren	
h) Wir müssen befürchten	
i) Vormittags geschlossen	
j) Würstchenstand	
k) Konkurrenz	
l) Reklame	
m) Alt werden	
n) Hose ist zu groß	
o) Begriffsstutzig	
p) Nicht normal	
q) Spion	
r) Unfähig	

Lösungshinweise finden Sie auf Seite 146f.

Gespräche steuern durch den gekonnten Einsatz von Pausen

Vielleicht fragen Sie sich, inwiefern eine Pause eine absichtlich eingesetzte Kommunikationstechnik sein kann. Das ist sie aber tatsächlich – warum, wird klar, wenn man sich vor Augen führt, welche Möglichkeiten die Pause vor allem dem Zuhörer eröffnet:
▶ Die Pause stellt einen Wechsel in der Gesprächsführung dar, erzeugt deshalb Aufmerksamkeit und verstärkt das Gesagte.
▶ In der Pause kann der Zuhörer das Gehörte verarbeiten. Er hat die Möglichkeit, es zu überdenken und zu verstehen.

Daraus folgt unmittelbar, dass derjenige, der kein Interesse daran hat, dass das von ihm in diesem Moment Gesagte von seinen Zuhörern kritisch überdacht wird, in seinen Ausführungen dort auch keine Pause einlegen darf.

Schwächen zeigen, Schwächen verbergen

Bei Schülern und Studenten kann man immer wieder beobachten, dass sie in mündlichen Prüfungen sehr schnell sprechen, in der völlig vergeblichen Hoffnung, die Prüfung ginge dadurch schneller vorbei. Langsam und zögerlich werden sie nur dort, wo sie unsicher sind und nicht

---

Nichts sagen oder nichts sagend?

Eine Sprechpause besteht darin, dass man für eine gewisse Zeit nichts sagt. Einige retten sich über diese Zeit lieber damit, dass sie sie mit Bedeutungslosem ausfüllen. In diesem Fall wirken Fülllaute wie »äh« und »öh« peinlich. Noch peinlicher aber ist die Flucht ins Unverbindliche: »Vielleicht wäre es hier angebracht, dass wir uns jetzt Gedanken machen, denn eigentlich müssten wir ja jetzt etwas unternehmen.« Nicht genug, dass Füllsel und Vagheiten wie »eigentlich«, »eventuell« und »unter Umständen« die Aussagekraft ohnehin bis zur Unkenntlichkeit verwässern, so sorgt der unbedachte Einsatz des Konjunktivs dafür, dass das, was man »vielleicht« sagen will, endgültig im Nebel über dem Wasser verschwindet. Bevor man sich mit solchen sprachlichen Methoden selbst den Boden unter den Füßen wegzieht, sollte man sich lieber an folgenden Konjunktiv halten: »Hättest du geschwiegen, wärst du klüger gewesen.«

»Mögen hätt' ich schon wollen, aber dürfen hab' ich mich nicht getraut!«
Karl Valentin

Gespräche erfolgreich führen

so gut Bescheid wissen. Ein übel wollender Prüfer wird an diesen Stellen aus zwei Gründen einhaken:
1. Er hat das Gefühl, dass der Kandidat hier Schwächen hat.
2. Er hat jetzt Zeit, sich üble Fragen auszudenken.

Deswegen kann es z. B. in Prüfungssituationen mit einem nicht so wohl gesonnenen Prüfer für den Kandidaten eine Taktik sein, dort zügig weiterzureden, wo er keine große Kenntnis besitzt (das kann man, man muss es sich nur fest vornehmen!), und stattdessen dort verlegen wirkende Pausen einzulegen, wo er den Fragen standhalten kann.

Den Gegner auf die falsche Fährte locken

Jeder Mensch hat Schwächen – aber nicht jeder möchte, dass andere diese Schwächen aufdecken.

Kaum jemandem gelingt es, von allen gemocht zu werden. Und diejenigen, denen wir nicht sympathisch sind, werden stets bei uns nach Fehlern suchen und auch welche finden – denn wer ist schon frei von Fehlern? Was liegt dann näher, als seinem Gegner Fehler bzw. Schwächen anzubieten, und zwar solche, die man in Wirklichkeit nicht hat, damit der andere die Fehler und Schwächen, die man hat, gar nicht erst sucht? Es mag daher eine rhetorische Kunst sein, einen Vortrag gänzlich ohne Pausen, »Ähs« und andere Verlegenheits- und Unsicherheitsäußerungen zu bestreiten, eine noch größere Kunst ist es aber zweifellos, diese Pausen und »Ähs« absichtlich und an der richtigen Stelle einzustreuen.

Übungen

1. Trainieren Sie die Taktik des Pauseneinsatzes zunächst mit guten Freunden, bevor Sie sich damit in eine entscheidende Situation (z. B. in eine Prüfung) stürzen. Üben können Sie den gezielten Einsatz von Pausen oder die gelegentliche Verwendung von Verlegenheitslauten z. B. so: Halten Sie einen Vortrag zu einem Thema, mit dem Sie nur mäßig vertraut sind, und bitten Sie Ihre Freunde, Zwischenfragen zu stellen. Lassen Sie sich danach rückmelden, an welchen Stellen Sie unsicher gewirkt haben (auch in Mimik oder Gestik). Wenn das die Stellen sind, an denen Sie bewusst unsicher wirken wollten, dann beherrschen Sie diese Taktik bereits ganz gut.

Üben Sie den Pauseneinsatz zunächst in unverfänglichen Situationen.

2. Achten Sie in Gesprächen – vorzugsweise in Gesprächen mit weniger guten Bekannten – einmal darauf, was Sie sagen:
▶ Kommen darin häufig abschwächende Wörter wie »vielleicht«, »womöglich«, »eigentlich« etc. vor?
▶ Sprechen Sie gern im Konjunktiv, und gehören »würde«, »könnte«, »sollte« etc. zu Ihren Lieblingswörtern?
▶ Neigen Sie dazu, Ihre Rede- und Gedankenpausen mit »Ähs« und »Öhs« aufzufüllen?

Wenn Sie merken, dass Sie diese Wörter sehr häufig benutzen (und zwar nicht als Taktiken zur Gesprächssteuerung), bemühen Sie sich bewusst, deren Gebrauch einzuschränken. Das können Sie auch in Gesprächen trainieren, in denen es für Sie an sich nicht weiter wichtig ist, ob Sie unsicher wirken oder nicht. Doch dann haben Sie Ihre Wortwahl in tatsächlich schwierigen Situationen besser im Griff.

3. Formulieren Sie die folgenden Sätze leicht um, so dass sie zwar nach wie vor noch höflich, aber nicht mehr so zaghaft klingen.
a) »Vielleicht könntest du mir beim Abwasch helfen?«
b) »Es wäre toll, wenn Sie diese wichtigen Briefe noch heute schreiben könnten.«
c) »Ich hätte da mal eine Frage …«
d) »Dürfte ich Sie bitten, mir zu helfen?«
e) »Eigentlich habe ich keine Lust auf diesen Wochenendausflug.«
f) »Ich würde mich sehr freuen, wenn Sie mich zu einem Gespräch einladen würden.«

Lösungshinweise finden Sie auf Seite 147.

Überzeugen und manipulieren

Wer Gespräche führt, an Diskussionen teilnimmt oder einen Vortrag hält, wünscht sich in aller Regel auch, dass seine Gesprächspartner und Zuhörer dem, was er sagt, zustimmen. Er möchte sie überzeugen oder – darüber hinaus – sie manipulieren und in seinem Sinn beeinflussen. Kennt man einige wirkungsvolle Techniken zum Überzeugen und Beeinflussen, dann gelingt es einem nicht nur leichter, andere geschickt für seine Ziele zu vereinnahmen, sondern man ist auch in der Lage, sich gegen solche Vereinnahmungen schlagfertig zur Wehr zu setzen.

Manipulation durch Fragen

Kaum ein rhetorisches Mittel ist wirkungsvoller als eine gute Frage.

In Diskussionen und Gesprächen, in denen man ein bestimmtes Ziel verfolgt, kann es manchmal nützlich sein, in die Rolle eines Fragenden zu schlüpfen. Denn der Fragende hat es oft eher als der Befragte in der Hand, den Verlauf eines Gesprächs nach seinen Wünschen und Vorstellungen zu beeinflussen. Wer Fragen stellt,
▶ aktiviert und steuert ein Gespräch,
▶ gibt seinem Gesprächspartner Gelegenheit, Stellung zu beziehen,
▶ erregt die Aufmerksamkeit des Gesprächspartners,
▶ schafft und beschränkt die Möglichkeit von Antworten.

Mit einer Frage lässt sich eine Menge von nicht ausgesprochenen Botschaften und Aussagen transportieren: Eine Frage kann das Interesse des Fragenden ausdrücken und damit in der Beziehung der Gesprächspartner eine Wertschätzung für den Befragten signalisieren. Eine Frage kann aber auch die Ahnungslosigkeit des Befragten zutage fördern und damit allen Zuhörern seine mangelnde Kompetenz zeigen, ohne dass dies durch den Frager explizit ausgesprochen werden muss.

Offenbar hängt die Bedeutung von Fragen mehr als viele andere Kommunikationsformen von der Beziehung zwischen Fragendem und Befragtem ab. Schüler und Studenten wissen das aus teilweise leidvoller Erfahrung, nach der sich die Lehrer und Dozenten in einer Prüfung in zwei Gruppen teilen lassen: diejenigen, die durch Fragen herausfinden wollen, was der Prüfling weiß und kann, und diejenigen, die durch Fragen herausfinden und zeigen wollen, was der Kandidat nicht weiß und nicht kann.

Der Befragte hat natürlich seinerseits die Möglichkeit, rhetorisch nachzurüsten bzw. den Spieß umzudrehen, wie das nächste Beispiel zeigt.

Mit Fragen erfolgreich

An einer Hochschule prüfte eine Kommission schon seit vielen Stunden. Die Prüfung fiel in die heißeste Jahreszeit, und an diesem Tag war es zudem drückend schwül. Bei der letzten Prüfung waren die Mitglieder der Kommission deshalb so geschafft, dass sie allen Ernstes im Nachhinein den Verlauf dieser Prüfung nicht mehr nachvollziehen konnten. Es handelte sich um eine Gruppenprüfung, bei der man dennoch jedem einzelnen Prüfling eine individuelle Leistung zuordnen sollte. Die Kommission einigte sich nun aus reiner Verlegenheit darauf, die ganze Gruppe einigermaßen gut zu benoten, allerdings den Kandidaten, der nach Ansicht der Prüfer in der Gruppe die größte Aktivität an den Tag gelegt hatte, mit der besten Note zu bedenken. Eine spätere Durchsicht der Protokolle ergab, dass ausgerechnet jener Prüfling keine einzige bedeutsame Antwort gegeben hatte. Er hatte es allerdings verstanden, sich durch verständig klingende Fragen positiv in das Gedächtnis seiner Prüfer einzuprägen. Diese Fragen waren im Übrigen von den Leidensgenossen links und rechts von ihm beantwortet worden und in einem Fall sogar von einem der Prüfer selbst.

> Manchmal ist es möglich, mit der richtigen Fragetechnik das gesamte Gespräch zu steuern.

Das Beispiel zeigt zweierlei: zum einen, wie stark Fragen die Aufmerksamkeit eines Gegenübers geradezu erzwingen, und zum anderen, dass Fragen ein mächtiges Manipulationsinstrument sein können. Mag dies der Student in der eben geschilderten Prüfung vielleicht noch aus reiner Not gemacht und sich später selbst über seine gute Note gewundert haben, so gibt es – insbesondere im geschäftlichen Alltag – genug Anlass und Gelegenheit, bestimmte Fragetechniken gezielt zur Beeinflussung des Gesprächspartners einzusetzen.

Gewollte und ungewollte Beeinflussung

Neben den ganz offensichtlichen Suggestivfragen (»Bist du nicht auch der Meinung, dass …?«) gibt es Fragearten, bei denen bisweilen nicht einmal dem Fragenden klar ist, dass er den anderen manipuliert. So kann man z. B. einen Unfallzeugen auf folgende Arten befragen:
▶ »Was haben Sie gesehen?«
▶ »Haben Sie einen zerbrochenen Scheinwerfer gesehen?«
▶ »Haben Sie den zerbrochenen Scheinwerfer gesehen?«
Während die erste Frage noch ganz offen ist, bringt die zweite Frage den Zeugen immerhin schon auf die Idee, dass es einen zerbrochenen

Scheinwerfer gegeben haben könnte, während die dritte Frage das bereits als Tatsache unterstellt und nur noch offen lässt, ob der Zeuge dies auch mitbekommen hat. Tests und Untersuchungen haben gezeigt, dass deshalb auch die Antworten der Zeugen bei ein und demselben Sachverhalt entsprechend abweichen. Bei der zweiten und besonders bei der dritten Frage taucht so auf wundersame Weise ein zerbrochener Scheinwerfer auf, den es in der Realität nie gegeben hat!

Auch im privaten Bereich stellen wir bisweilen ungewollt Fragen, die bestimmte Antworten nicht mehr zulassen oder zumindest erschweren. Wie würden Sie antworten, wenn Sie folgendermaßen nach einem Film gefragt werden, den Sie persönlich als mittelmäßig erlebt haben?

▶ »Wie fandest du den Film?«
▶ »Fandest du den Film auch so schlecht?«

Bei der zweiten Frage wird sich der eine oder andere vielleicht noch bereit finden, den Film dennoch nicht »so schlecht« zu finden, auch wenn das möglicherweise die Beziehung zum Fragenden belastet, weil man über Geschmack in Wirklichkeit eben streiten kann. Raffinierter ist deshalb eine Frageart, die dem Befragten die Illusion vermittelt, er habe bei der Antwort noch alle Freiheit offen.

Jemanden zu einer bestimmten Handlung veranlassen

Manchmal manipulieren wir andere Menschen, ohne uns dessen bewusst zu sein.

Stellen Sie sich vor, dass Sie zu Hause Besuch bekommen. Wie es sich gehört, fragen Sie Ihren Besuch: »Was möchtest du trinken?« Ihr Besuch antwortet: »Ach, am liebsten hätte ich ein Glas Cola.« Voller Bedauern entgegnen Sie darauf: »Mensch, das tut mir Leid, aber das letzte Glas Cola habe ich selbst vor einer Stunde ausgetrunken. Möchtest du lieber eine Tasse Kaffee oder ein Glas Limo?« Sollte Ihr Besuch sich jetzt dazu durchringen, tatsächlich Kaffee oder Limo zu wählen, so haben Sie ihn mit Ihrer Frage gerade hundertprozentig manipuliert! Sie haben nämlich dafür gesorgt, dass er – unabhängig von der Tatsache, ob Sie den Kühlschrank vielleicht randvoll mit Cola haben – etwas ganz anderes trinkt, als das, was er haben wollte.

Ohren auf beim Verkaufsgespräch!

In dieselbe Kategorie von manipulativer Fragetechnik gehört ein rhetorischer Trick, den die Verkaufsrhetoriker gern empfehlen: Sie raten in diesem Fall dazu, das, was man an den Mann oder die Frau bringen will, tunlichst an die zweite Stelle zu setzen, denn in dem anderen spielt sich etwa Folgendes ab: »Ach, die Cola, die ich haben wollte, hat er nicht. Also schlage ich ihm jetzt auch etwas ab, aber das andere (zweite), die Limo, muss ich ja wohl nehmen.« Diese Taktik unterschlägt dem Gesprächspartner die dritte Wahlmöglichkeit, nämlich alles abzulehnen und gar nichts zu trinken.

In der Verkaufssituation sieht das dann so aus: Sie kommen mit einem bekannten Verbrauchermagazin in ein Elektrogeschäft und erklären dem Verkäufer: »Hier, diese Waschmaschine hat im Test am besten abgeschnitten. Was kostet die bei Ihnen?« Der Verkäufer bittet Sie freundlich, ihm das Heft zu zeigen, und entgegnet: »Dieses Heft ist schon über ein halbes Jahr alt. Es tut mir Leid, aber diese Waschmaschine ist ein Auslaufmodell, das wir nicht mehr vorrätig haben. Aber hier diese Waschmaschine direkt vor Ihnen ist ebenfalls ganz gut, und diese hier könnte auch Ihren Vorstellungen entsprechen.« So läuft er mit Ihnen von einem Gerät zum anderen, bis er bei einer ganz bestimmten Waschmaschine stehen bleibt und Ihnen erklärt: »Das hier ist übrigens das Nachfolgemodell des Testsiegers.« Kein Zweifel, diese Maschine will er Ihnen verkaufen, aber zuvor musste er Ihnen aus rein taktischen Gründen noch mindestens eine Alternative bieten, damit Sie ja nicht die Alternative wählen, die ihm gar nicht passt, nämlich *keine* neue Waschmaschine zu kaufen!

Wenn man diesen Trick richtig gut ausführt, dann funktioniert er sogar, wenn der andere ihn kennt. Dies musste ich eines Tages am eigenen Leibe erfahren.

> In der Verkaufsrhetorik steht die Manipulation häufig auf der Tagesordnung. Geschulte Verkäufer wissen sie aber geschickt zu verbergen.

Eine halbe Zusage ist besser als eine Absage

Ein Telefonverkäufer rief mich eines Tages an und fragte mich: »Herr Zittlau, brauchen Sie eigentlich einen Fotokopierer?« Dazu muss ich zweierlei sagen: Erstens brauchte ich einen Kopierer, und zweitens kaufe ich grundsätzlich nichts am Telefon. Aus dem zweiten Grund sagte ich: »Nein, ich brauche keinen Kopierer« und wollte schon wieder auflegen. Aber so schnell wird man einen geschulten Mann nicht los. Mit freundlicher Stimme fragte er mich: »Aber Herr Zittlau, wenn Sie sich eines Tages einmal einen Kopierer kaufen würden, wäre das dann eher ein großer oder ein kleiner?«

In diesem Moment war ich wohl etwas abwesend und antwortete deshalb: »Ja, wenn ich mir eines Tages einen Kopierer zulegen würde, dann einen kleinen.« Woraufhin der Telefonverkäufer zuckersüß reagierte: »Dann darf ich mich doch sicherlich zu gegebener Zeit noch einmal bei Ihnen melden?« – »Selbstverständlich«, antwortete ich, legte den Hörer auf und hätte beinahe aufgeschrien!

Dieser Trick war geradezu lehrbuchmäßig: Der andere hatte den Kopierer, der für ein Ein-Mann-Unternehmen in Frage kommt, nämlich den kleinen, auf die zweite Stelle gesetzt und damit aus einer runden Ablehnung zumindest eine eingeschränkte Zusage gemacht.

Suggestivfragen in der Entweder-oder-Form

Die Entweder-oder-Logik verstellt den Blick auf weitere alternative Möglichkeiten.

Grundlage dieser Gesprächsführung ist eine Entweder-oder-Logik, die dem Befragten die scheinbar freie Wahl zwischen zwei Alternativen lässt, ihm aber damit (nach dem logischen Gesetz des ausgeschlossenen Dritten) den Blick auf weitere mögliche Alternativen versperrt. Selbstverständlich ist es aus der Sicht des Fragenden am geschicktesten, zwei Wahlmöglichkeiten anzubieten, die für ihn selbst annehmbar bzw. vorteilhaft sind. So hätte z. B. der Telefonverkäufer auch sehr gut damit leben können, wenn ich mich für den größeren Kopierer entschieden hätte. Natürlich besteht hier das Risiko, dass der Befragte die Technik durchschaut – aber dann steht man auch nicht schlechter da als vor der Suggestivfrage. Um bei den obigen Beispielen zu bleiben: Dann trinkt der Besuch eben nichts, und der Verkäufer verkauft eben keine Waschmaschine, die er nicht auf Lager hat.

Es bedarf jetzt wohl keiner Erläuterung mehr, dass man mit solchen Alternativfragen auch ein Instrument für einen schlagfertigen Konter auf Ablehnungen, Vorwürfe und Einwände hat.

▶ *Vorwurf: »Du kümmerst dich aber auch um nichts im Haushalt!« Konter: »Soll ich jetzt die Steuererklärung machen oder den Müll herunterbringen?«*

So kontern Kinder die Entweder-oder-Logik

Sollten Sie allerdings die Hoffnung haben, dass Sie mit dieser Technik Ihren kleinen Sohn oder Ihre kleine Tochter ans Arbeiten bringen können, dann werden Sie möglicherweise enttäuscht. Auf die Frage: »Möchtest du jetzt deine Hausaufgaben machen oder das Zimmer aufräumen?« werden Sie wahrscheinlich ein trotziges »Mach ich beides nicht!« ernten. Das liegt daran, dass Kinder die Entweder-oder-Logik noch nicht verinnerlicht haben. Damit sind sie relativ immun gegen derartige rhetorische Tricks.

▶ *Ablehnung: »Ich will diesen Pullover nicht anziehen. In dem sehe ich viel zu dick aus!«*
Konter: »Dann zieh den anderen Pullover an, oder willst du frieren?«
▶ *Einwand: »Ich denke, Sie sollten noch folgende Punkte berücksichtigen!«*
Konter: »Sollen wir uns nicht besser auf das Wesentliche konzentrieren, oder sollen wir hier bis heute Abend sitzen?«

An diesen Beispielen sehen Sie zugleich, dass Sie mit den im Konter vorgeschlagenen Alternativen recht sorgsam umgehen müssen. Im ersten Beispiel erreichen Sie, dass Sie sich entweder um die Steuererklärung kümmern oder sich mit Hilfe des Mülls aus dem Haushalt schleichen können, und im zweiten, dass der andere in beiden Fällen einen Pullover anzieht. Im dritten Beispiel riskieren Sie aber eine Marathonsitzung. Wenn Sie allerdings glauben, dass Sie diese Zeit brauchen und auch investieren wollen, dann ist die vorgeschlagene Alternative in Ordnung.

Übungen

1. Verwandeln Sie die folgenden offenen Fragen in manipulative Fragen:
a) »Willst du heute Abend noch ausgehen?«
b) »Wie findest du Herrn N.?«
c) »Was möchtest du essen?«
d) »Haben Sie heute Zeit für mich?«
e) »Was halten Sie von meinem Vorschlag?«

2. Kontern Sie folgende Vorwürfe oder Einwände mit suggestiven Fragen in der Entweder-oder-Form.
Tipp: Denken Sie daran, die Fragen so zu formulieren, dass Sie selbst mit beiden Alternativen, die Sie in Ihrer suggestiven Frage erwähnen, auch gut leben können.
a) »Sie haben Ihre Arbeit nachlässig erledigt!«
b) »Ich mag keine Bratkartoffeln, die machen dick!«
c) »Das mache ich nicht, dazu habe ich jetzt wirklich keine Lust!«
d) »Warum musst du mir ständig im Weg stehen?«

Lösungshinweise finden Sie auf Seite 148.

Bieten Sie immer nur Alternativen an, die auch für Sie selbst akzeptabel sind.

Überzeugen durch Beispiele und Anschaulichkeit

Wenn Sie in einem Gespräch, einer Diskussion oder einem Vortrag Ihre Zuhörer wirkungsvoll überzeugen möchten, sind gute Beispiele die halbe Miete. Der Gebrauch von Beispielen hat vor allem didaktische Bedeutung. Durch treffende, einfache und anschauliche Beispiele werden selbst abstrakte und komplizierte Theorien verständlich und trockene Vorträge lebendig und erträglich. Deshalb werden beispielsweise auch in einem guten Chemie- und Physikunterricht so viele Experimente vorgeführt. Offenbar ist das die einzige Methode, Wissenschaften, die ansonsten überwiegend aus einem Wust von Formeln bestehen, für die Schüler anschaulich und im wahrsten Sinne des Wortes »begreifbar« zu machen.

Gute Beispiele haben in der Regel eine wesentlich höhere Überzeugungskraft als allgemeine Aussagen. Wenn man etwa der Bevölkerung das Drogenproblem vor Augen führen will, so kann man das mit der sattsam bekannten Statistik über Drogenfunde der Polizei und die Zahl der Abhängigen machen, die sich auf einem geduldigen Stück Papier leider fast so eindrucksvoll ausmachen wie eine Verordnung zur Einfuhr von Apfelsinen in die Europäische Union. Wenn man zu diesem Thema jedoch einen beklemmenden Spielfilm dreht, wie vor ein paar Jahren den Film »Die Kinder vom Bahnhof Zoo«, in dem lediglich das grausame Schicksal von einigen wenigen Abhängigen hautnah dargestellt wurde, kann man damit eine breite gesellschaftliche Diskussion entfachen.

Was beweist ein Beispiel?

Ein Vorteil, aber auch eine Gefahr von guten Beispielen liegt in ihrer hohen Überzeugungskraft.

Ein Beispiel beweist zunächst tatsächlich nur das Vorhandensein des einen Beispielfalls und nicht mehr. Es ist daher manchmal eine moralische Frage, ob man als redlicher Gesprächs- oder Diskussionspartner auf den Beispielcharakter eines Beitrags hinweist oder nicht. Oft werden Beispiele zur scheinbaren Beweisführung einer allgemeinen Gesetzmäßigkeit missbraucht. Eine dafür gebräuchliche Formel lautet: »Wie schon das Beispiel zeigt, verhält sich die Angelegenheit ganz allgemein so und so ...«, die man natürlich sprachlich in verschiedene Gewänder kleiden kann:

▶ »Wie wir an der Rostlaube hier sehen, sind die Autos dieser Marke einfach schlecht verarbeitet.«

▶ »Wenn man sich den jüngsten Sohn der Familie M. anschaut, dann sieht man deutlich, dass Frau M. einfach keine Kinder erziehen kann.«

▶ »Letztlich hatte ich schon wieder einen Wagen mit Kennzeichen XY vor mir. Ich sage dir, die fahren einfach wie die letzten Menschen.«
Wahrscheinlich sind solche Formulierungen schon allein deshalb so überzeugend, weil man mit ihnen nicht nur andere, sondern sogar sich selbst täuschen kann. Viele stabile Vorurteile entstehen oder festigen sich aus der Verallgemeinerung von Einzelerfahrungen, wie z. B. die Überzeugung, dass alle Autos einer Marke rosten, sowie vielen anderen Unterstellungen. Die Devise »Ich glaube nur das, was ich sehe« wäre gar nicht so schlimm, wenn sie wenigstens wörtlich befolgt würde. Denn tatsächlich glauben viele Menschen allzu gern, dass das, was sie in diesem Moment an diesem Ort sehen, jederzeit und überall so ist.

Verallgemeinerungen kontern

Die rhetorische Abwehr gegen einen verallgemeinernden Missbrauch von Beispielen besteht darum z. B. in einem Hinweis auf die logische Unzulänglichkeit einer derartigen Argumentation. Noch überzeugender wirkt allerdings die Präsentation eines Gegenbeispiels oder der Nachweis, dass aus den vorgelegten Beispielen auch ganz andere als die vom Gegner beabsichtigten Schlüsse gezogen werden können.

▶ *Behauptung: »Holz schwimmt stets auf Wasser.«*
Diese Verallgemeinerung lässt sich leicht durch ein Gegenbeispiel widerlegen: Man zeigt einfach, dass Hölzer wie Ebenholz oder Veilchenholz sofort versinken, wenn sie ins Wasser geworfen werden.

▶ *Behauptung: »Hygiene ist wichtig, damit sich Bakterien nicht ausbreiten können.«*
Von diesem Argument für zahlreiche Wasch-, Desinfektions-, Reinigungs- und Arzneimittel könnte man zu der Ansicht verführt werden, Bakterien seien insgesamt schädlich. Hat man dann noch am eigenen Leib eine bakterielle Infektion erlebt, ist man davon womöglich restlos überzeugt. Die Tatsache, dass Bakterien bei der Produktion von Buttermilch, Sauerkraut, Joghurt und Käse mitwirken und in unserem Organismus Vitamine und im Garten Humus erzeugen, bleibt dabei auf der Strecke. Diese Gegenbeispiele zeigen, dass bestimmte Bakterien auch nützlich sind.

▶ *Behauptung: »Jeder Mensch sollte sein Idealgewicht anstreben – schon deshalb, weil Übergewichte eine geringere Lebenserwartung haben.«*

Viele Behauptungen können mit einem Gegenbeispiel ganz leicht widerlegt werden.

Werden Sie nicht selbst Opfer falscher Augenscheinlichkeit. Bei Pauschalisierungen ist immer Skepsis angebracht.

Die Theorie vom Idealgewicht, dem Tausende hinterherhungern, beruht ursprünglich auf der Verallgemeinerung einer Versicherungsstatistik, die eigentlich nur zeigte, dass es einen statistischen Zusammenhang zwischen einem gewissen Maß an Übergewicht und einer niedrigeren Lebenserwartung bzw. häufigerer Erkrankung gibt. Einen Kausalzusammenhang derart, dass Übergewicht die Ursache für ein verfrühtes Ableben ist, kann man aus einer so genannten statistischen Korrelation allein jedoch niemals ableiten. Dazu müsste man grundsätzlich die vermeintliche Ursache (das Körpergewicht) verändern können, um dann eine Veränderung der vermeintlichen Wirkung (die Lebenserwartung) zu beobachten. Das ist in diesem Fall unmöglich, denn man müsste ein und denselben Menschen einmal mit Idealgewicht und einmal mit Übergewicht leben lassen und dann sehen, wie alt er jeweils wird. Aber selbst dann könnte man andere Schlussfolgerungen nicht ausschließen, wie z.B. die (nicht nur scherzhafte) Vermutung, dass allen Übergewichtigen aufgrund des allgemeinen Schlankheitswahns permanent ein schlechtes Gewissen eingeredet wird, an dem sie schließlich erkranken und vorzeitig sterben.

Mit einem Gegenbeispiel kontern

Solche Gegenbeispiele setzen teilweise recht profunde Kenntnisse voraus. Manchmal lohnt sich der Blick in ein Nachschlagewerk, um diese Allgemeinplätze zu kontern (in obigen Beispielen ist das z. B. geschehen mit Hilfe von Walter Krämer und Götz Trenkler: Lexikon der populären Irrtümer, Eichborn Verlag, Frankfurt). Im Alltagsgebrauch ist es aber nicht immer so schwierig, Beispiele mit Gegenbeispielen zu kontern – wie die zwei Sätze aus dem vorigen Unterabschnitt zeigen:

- »Wenn ich mir den jüngsten Sohn der Familie M. anschaue, dann sieht man deutlich, dass Frau M. einfach keine Kinder erziehen kann.«
  Konter: »So viel ich weiß, ist der jüngste Sohn mit einer schweren Krankheit auf die Welt gekommen!«
  Oder: »Aber die anderen Kinder sind doch ausgesprochen gut geraten!«
  Oder: »Aber der Sohn von Frau P. oder der von Frau S. ist doch genauso. Die Jungen sind eben jetzt in einem sehr schwierigen Alter!«
- »Letztlich hatte ich schon wieder einen Wagen mit Kennzeichen XY vor mir. Ich sage dir, die fahren einfach wie die letzten Menschen.«
  Konter: »Hör mal, unser Freund Horst ist doch umgezogen und hat jetzt auch dieses Kennzeichen. Glaubst du, der fährt deshalb schlechter als vorher?«
  Oder: »Ich bin vor kurzem mit Herrn Zimmer aus XY die Strecke Berlin – München gefahren – er fährt wirklich absolut einwandfrei.«

Nicht zu viele Beispiele

Auch wenn Beispiele leicht missbraucht werden können, ändert das nichts daran, dass sie die meisten Menschen zu überzeugen vermögen. Wenn Sie sich in einem Vortrag, einer Diskussion oder einem Gespräch also selbst die starke Überzeugungskraft von Beispielen zunutze machen möchten, sollten Sie auf keinen Fall der Versuchung unterliegen, zu viele Beispiele anzuführen. Weniger ist manchmal einfach mehr, und die Wirkung, die Sie erzielen möchten, entfaltet sich am besten dann, wenn die eigentliche Botschaft nicht in zu zahlreichen Beispielen ertrinkt!

Zu viele Beispiele verwässern die eigentliche Aussage. Setzen Sie lieber weniger Beispiele ein, diese aber umso besser.

Überzeugen und manipulieren

Diese rhetorischen Stilmittel helfen dabei durch mehr Anschaulichkeit zu überzeugen.

Anschaulich sprechen

In der rhetorischen Stilkunde kennt man verschiedene Mittel dafür, wie man eine Rede anschaulicher, lebendiger und somit wirkungsvoller gestalten kann. Häufig geschieht das durch die Verwendung von Bildern – nämlich Bildern, die mit Sprache gemalt werden. An die Stelle nüchterner, trockener Aussagen treten dann konkrete Gegenstände und Situationen, die Stimmungen und Gefühle erzeugen und das Gesagte vorstellbar und begreifbar machen. Einige der Stilmittel, die für mehr Anschaulichkeit sorgen, sind z. B. die folgenden:

▶ Beispiele: Ein Beispiel dient der Verdeutlichung einer eher allgemeinen Aussage am speziellen Einzelfall. Doch auch wenn dies die Funktion eines Beispiels ist: Man darf – wie oben bereits erwähnt – nicht vergessen, dass ein Beispiel zunächst wirklich nur etwas über *einen* Einzelfall aussagt, der nicht vorschnell verallgemeinert werden sollte.

▶ Vergleich: Bei einem Vergleich werden zwei unterschiedliche Bereiche in Verbindung miteinander gebracht. Sprachlich gesehen geschieht das meist in der Form »so ... wie«. Dabei steht das Thema, um das es geht, in Verbindung mit dem »so«; das »wie« bindet den Vergleich an. Thema und Vergleichspunkt haben immer etwas Gemeinsames (das so genannte »tertium comparationis«). Spricht man etwa über einen Sachverhalt, der sehr abstrakt ist, kann ein Vergleich diesen auf eine konkretere Ebene herunterholen.

▶ Metapher: Die Metapher ist – vereinfacht gesagt – ein Vergleich ohne »wie«. Metaphern, die sich in unserer Alltagssprache verfestigt haben, ohne dass wir sie noch als solche empfinden, sind Wörter wie »Tischbein« oder »Redefluss«. In der Rhetorik bedient man sich der Metapher, um eine Aussage bildhaft zu machen und sie zugleich in eine bestimmte emotionale Richtung zu lenken. Letzteres wird dadurch erreicht, dass der eigentliche Vergleich (»wie«) unterschlagen und so eine Aussage hervorgerufen wird, ohne dass man lange darüber nachdenken müsste. Bekannte Metaphern sind z. B. Wendungen wie »Schiff des Lebens« oder »Hafen der Ehe«.

Übungen

1. Kontern Sie diese Verallgemeinerungen mit Gegenbeispielen!

a) »Ich habe neulich das Auto von Klaus gesehen. Es ist im letzten halben Jahr total durchgerostet. Also ich werde mir diese Marke nicht zulegen!«

b) Ein männlicher Kollege sagt: »Lassen Sie mich mal dran, Frau K.! Frauen verstehen nichts von Computern!«

c) »Nun guck dir diese braunen Blätter an! Du kannst einfach mit Pflanzen nicht umgehen!«

2. Mit dieser Lockerungsübung können Sie zwischendurch trainieren, geschickt mit vorgegebenen Wörtern umzugehen. Setzen Sie spontan Begriffe in eine sinnvolle Beziehung zueinander. Diese Beziehung sollte möglichst witzig, verblüffend oder originell sein, aber auch nachvollziehbar und verständlich.

Zur Übung soll jeweils ein Begriff aus jeder Spalte der nachfolgenden Auflistung herausgegriffen und mit den anderen Begriffen in Beziehung gesetzt werden. Versuchen Sie so schnell wie möglich, aus den einzelnen Begriffen einen grammatikalisch sauberen Satz zu formulieren.

Obst	Tür	Wahl
Schreibtisch	Wand	Himmel
Gaststätte	Liebe	Figur
Computer	Diät	Sekunden
Ansager	Bauernhof	Strecke
Autobahn	Haus	Ofen
Sturm	Kordel	Buch
Kugelschreiber	Hammer	Wüste
Baum	Tante	Wohnung

Wenn Sie in kürzester Zeit »Der Ansager war nicht zu verstehen, denn die Tante redete wie ein Buch« oder »In der Gaststätte bleibt die Diät auf der Strecke« fabuliert haben und Ihnen dies mit den meisten anderen Begriffen auch gelungen ist, dann sind Sie bereits auf dem richtigen Weg!

Lösungshinweise finden Sie auf Seite 148.

Mit Übungen wie dieser trainieren Sie, Sprachlosigkeit abzubauen.

Die Ja-aber-Taktik – Widerlegung nach Zustimmung

Die Ja-aber-Taktik ist nicht nur geschulten Rhetorikern geläufig. Diese Argumentationstechnik ist vielmehr ein Bestandteil der ganz alltäglichen Sprache und wird wohl von fast jedermann ab und zu eingesetzt: »Da magst du ja Recht haben, ich meine aber trotzdem, dass ...« Die Möglichkeit, zunächst die Meinung des Gesprächspartners zu bestätigen, um ihr danach mit einer Wendung um 180 Grad zu begegnen, wird auch von rhetorisch unbeleckten Menschen – meist unbewusst – genutzt. In ihr drückt sich ein (instinktives) Zurückweichen vor dem Gegner aus, das lediglich den Zweck verfolgt, ihn in einer für ihn unerwarteten Kehrtwendung umso heftiger anzugreifen.

> Schon Kinder wenden die Ja-aber-Taktik unbewusst an. Sie ist eine häufig eingesetzte Strategie in der unreflektierten Alltagssprache.

Der Erfolg dieser Technik basiert dabei häufig auf der Hartnäckigkeit, mit der die Aber-Variante wiederholt wird. So lässt sich in einer Auseinandersetzung ohne weiteres eine lange Kette von Äußerungen der folgenden Art aneinander reihen: »Ich verstehe Ihre Einstellung, aber ich denke ...« – »Ich glaube Ihnen durchaus, aber Sie müssen mir doch bestätigen ...« – »Ich bin gerne bereit, das zuzugeben, muss aber zu bedenken geben ...« Der Nachteil der Ja-aber-Taktik ist freilich ihre leichte Durchschaubarkeit.

In weniger aggressiver Form ist diese Technik allerdings dennoch gut geeignet, um z. B. den im vorigen Kapitel besprochenen, verallgemeinernden Umgang mit Beispielen zu kontern: »Diese Familie ist einfach furchtbar. Der junge Herr M. ist z. B. ein ganz ekelhafter Kerl!« – »Du hast Recht, mit Herrn M. habe ich auch meine Probleme, aber mit den anderen komme ich sehr gut aus.«

Wie stiehlt man einen guten Einfall?

Mehr Geschick erfordert indes eine Variante, in der auf das »Aber« keine Widerlegung, sondern eine Bestätigung und Hinzufügung folgt. Diese Technik ist deshalb ein wenig anspruchsvoller, weil man mit ihr nicht einfach eine andere Meinung oder ein Gegenbeispiel präsentiert, sondern die Argumentation des anderen weiterdenkt, um sie dann entweder als die eigene zu präsentieren oder ihr die von einem selbst gewünschte Ausrichtung zu geben.

Sich mit fremden Federn schmücken

Herr A sitzt in einer Konferenz, in der es ein wichtiges Problem zu lösen gilt. Der Kollege B, den A stets als unangenehmen Konkurrenten empfunden hat, bringt einen guten Vorschlag in die Runde ein. Bei näherem Überlegen stellt A fest, dass Bs Vorschlag wirklich ausgezeichnet ist und eigentlich nur einen Fehler aufweist, nämlich dass er nicht von ihm ist. A greift nun den Vorschlag von B mit der Bemerkung auf: »Das ist ein interessanter Vorschlag, Herr B, aber ich denke, wir sollten darüber hinaus noch folgende Ergänzungen vornehmen ...« A bringt jetzt irgendeine wesentliche oder auch unwesentliche Erweiterung ein. B fühlt sich dadurch bestätigt und widerspricht nicht. A achtet schließlich darauf, dass die endgültige Formulierung der Lösung aus seinem eigenen Munde kommt, und am Ende der Sitzung nimmt er den Dank seiner Kollegen entgegen. Im Protokoll steht zu lesen, dass A die Lösung des Problems gefunden hat.

Das Beispiel soll weder behaupten, dass eine solche Verfahrensweise auf Konferenzen üblich ist, noch, dass sie in jeder Konferenz in der geschilderten Weise durchführbar wäre. Dennoch kann man häufig beobachten, dass eine Idee in einer Gemeinschaft teilweise oder sogar ausschließlich demjenigen zugeschrieben wird, der sie zuletzt erweitert und damit in der endgültigen Fassung vorgelegt hat. Da das gesprochene Wort viel flüchtiger ist als das geschriebene, ist diese Gefahr vor allem bei Diskussionen gegeben.
Insbesondere wenn es in Firmen für Verbesserungsvorschläge auch noch Geld gibt, können die Raffinierteren bzw. die Unverfroreneren der Versuchung oft nicht widerstehen, ihrem Gesprächspartner auf diese Weise nicht nur die Idee zu stehlen.

Erweiterte Ja-aber-Taktik
Die Ja-aber-Erweiterung einer Idee oder eines Einwandes des anderen kann aber auch dazu dienen, seiner Argumentation die Ausrichtung zu geben, die man sich selbst wünscht.

Lenken Sie die Argumente des anderen um, ohne ihn zu brüskieren.

▶ Kundin: »Das Grün dieser Bluse steht mir nicht.«
In der klassischen Ja-aber-Variante hätte man jetzt vielleicht ein wenig zaghaft gekontert: »Ja, aber das ist die Farbe in diesem Sommer.«
Lässt man sich hingegen auf den Einwand ein und erweitert ihn, so sagt man: »Das sehe ich jetzt auch, aber deswegen sollten Sie unbedingt die rote Bluse hier anprobieren!«

▶ Beim Essen: »Ich mag keinen Knoblauch, danach stinkt man so.«
Einfache Ja-aber-Taktik: »Ja, aber er ist sehr gesund.«

Ja-aber-Taktik mit Erweiterung: »Ja, aber gerade das ist ja das Gesunde! Was dem Knoblauch seinen Geruch gibt, ist auch zugleich sein wichtigster Wirkstoff.«

▶ *Chef:* »Mit diesem Problem will ich nichts zu tun haben.«
Einfache Ja-aber-Taktik: »Ja, aber zur Lösung des Problems benötige ich Ihre Hilfe.«
Ja-aber-Taktik mit Erweiterung: »Ich selbst kann es auch bald nicht mehr sehen. Aber je eher wir uns mit dem Problem beschäftigen, umso eher ist es vom Tisch.«

Während man mit der einfachen Ja-aber-Taktik Gefahr läuft, seinen Gesprächspartner vor den Kopf zu stoßen, geht man mit der Erweiterung seines Argumentes auf seine Bedürfnisse ein und versucht, diese so abzuwandeln, dass man sie mit dem befriedigen kann, was man selbst zur Verfügung hat.

Ergänzen Sie eine fremde Idee um irgendeinen Aspekt – und schon ist es (fast) Ihre eigene Idee.

Übungen

1. Vereinnahmen Sie mit der Ja-aber-Taktik folgende gute Ideen für sich, die jemand anderes geäußert hat. Gut gelingt Ihnen das, wenn Sie auf die fremde Idee noch etwas Eigenes »draufsetzen«.

a) »Wenn wir unsere Fahrzeuge mit anderen Reifen ausstatten, werden wir die Straßenlage deutlich verbessern.«
b) »Wenn wir die Sitzung eine Woche vorverlegen, können alle daran teilnehmen.«
c) »Es liegt an der Sonneneinstrahlung, dass der Laserdrucker nicht mehr funktioniert. Wir sollten ihn woanders hinstellen.«
d) »Ich schlage vor, dass wir erst die Ausstellung besuchen und dann ins Konzert gehen.«

2. Kontern Sie die folgenden Einwände sowohl mit der einfachen als auch mit der erweiterten Ja-aber-Taktik.

a) Kunde: »Dieses Gerät erscheint mir sehr teuer.« – Verkäufer: …
b) Entwickler: »Dieses Produkt ist in einem Jahr veraltet.« – Marketingleiter: …
c) Chef: »Sie verbringen zu viel Zeit am Kopierer.« – Angestellter: …
d) Partner: »Du gibst zu viel Geld für deine Kleidung aus.« – Partnerin: …

Lösungshinweise finden Sie auf Seite 148f.

Die Salamitaktik – in kleinen Schritten ans Ziel

Ebenfalls abhängig von der anfänglichen Zustimmung des Gesprächspartners ist eine Vorgehensweise, die sehr anschaulich als Salamitaktik bezeichnet wird. Da die Salami eine Hartwurst ist, wird sie meist in dünnen Scheiben genossen. Im Gespräch kommt es entsprechend darauf an, dass die errungenen Zugeständnisse im Einzelnen so gering und unbedeutend wirken, dass der Gesprächspartner den Eindruck hat, dass sich Widerspruch nicht lohnt. Der Bodengewinn ist unmerklich, und eine offene Konfrontation wird vermieden.

Bei dieser Strategie wird eine andere Überzeugung schrittweise systematisch aufgelöst.

Bei konsequenter Anwendung dieser Taktik ist jedoch der Standpunkt des Gegenübers irgendwann nicht mehr zu halten. So wie eine Salami durch das stete Abschneiden kleiner Scheiben irgendwann aufgebraucht ist, so wird hier die Position des Gesprächspartners »scheibchenweise« aufgelöst. Dies gilt umso mehr, als nach einigen Zugeständnissen das Geschehen häufig eine eigene Dynamik entwickelt. So kann man, weil man z. B. dreimal Recht bekommen hat, nun die logisch unbegründete, aber psychologisch nahe liegende Forderung stellen, deshalb auch ein viertes Mal Recht zu bekommen.

Es ist für den Erfolg der Salamitaktik nicht nötig, dass der Gesprächspartner selbst einem quasi die letzten Scheiben der Wurst zuspricht. Insbesondere bei Auseinandersetzungen vor einem größeren Zuhörerkreis ist der Adressat der Überzeugungsbemühungen nicht der unmittelbare Gesprächspartner, sondern die Mehrheit der Zuhörer. Politiker, die die Strategie in einer Fernsehdiskussion anwenden, wissen von vornherein, dass sie den politischen Gegner nicht überzeugen werden, was immer sie auch vorbringen. Der Gesprächspartner degeneriert zum Mittel, die Überlegenheit der eigenen Ansicht vorzuführen.

Zur Abwehr konsequent dagegenhalten

Um nicht das Opfer einer solchen Technik zu werden, sollte man sich jede Zustimmung, die man in größerer Gesprächsrunde aus reiner Bequemlichkeit oder um des lieben Friedens willen gibt, sehr sorgfältig überlegen.

Stellen Sie sich vor, dass ein Kernkraftbetreiber und ein Grüner miteinander diskutieren, umgeben von Zuhörern, die zum Thema Kernkraftenergie noch keine Meinung haben. Der Kernkraftbetreiber beginnt die Diskussion mit einer Suggestivfrage an den Grünen: »Sie sind doch sicherlich auch der Meinung, dass unsere Luft in erheblichem Maße verschmutzt ist und sauberer werden muss?« Der Grüne nickt

und sagt: »Das ist richtig. Das fordern wir schon seit langem.« – Das war die erste Scheibe der Salami!
Der Kernkraftbetreiber setzt nach und sagt nun: »Und Sie werden mir doch zustimmen, dass unsere Kohlekraftwerke, insbesondere die Braunkohlekraftwerke, einen erheblichen Anteil daran haben?« – »Ja«, seufzt der Grüne, »das ist leider wahr. Kohlekraftwerke, vor allem Braunkohlekraftwerke, belasten unsere Atmosphäre ganz erheblich.« – Das war die zweite Scheibe der Salami!
Der Kernkraftbetreiber wendet sich nun an die zehn Zuhörer und fragt: »Und Sie werden doch sicherlich auch morgen noch, wenn Sie nach Hause kommen, das Licht und den Fernseher anmachen wollen, sich ein kaltes Bier aus dem Kühlschrank holen und sich bei Kälte ein warmes Öfchen an die Füße stellen wollen?« Der Grüne nickt nun nicht mehr, weil er die Marschrichtung ahnt, aber die anderen zehn stimmen voll zu, denn wer will schon morgen im Dunkeln sitzen, kein Fernsehen mehr gucken können, warmes Bier trinken müssen und bei alledem auch noch kalte Füße haben? – Dies war die dritte Scheibe der Salami!
Nun meldet der Kernkraftbetreiber sein Recht auf die gesamte Wurst an. Denn was hat er an Zugeständnissen bekommen?
1. Die Luft ist schmutzig und muss sauberer werden.
2. Kohlekraftwerke, vor allem Braunkohlekraftwerke belasten die Luft.
3. Die dritte Scheibe der Salami war lediglich gut verpackt. Betrachtet man sie genauer, heißt sie: »Der Energieverbrauch ist morgen mindestens so hoch wie heute.«
Damit ist für die zehn unbedarften Zuhörer die Argumentation nachvollziehbar und klar: Wir brauchen mehr Energie, mit Kohlekraftwerken geht dies nicht, deshalb benötigen wir Kernkraftwerke.

Kontern mit der Ja-aber-Taktik

> Was ist das übergeordnete Gesprächsziel des anderen? Diese Frage hilft Ihnen, seine Gesprächsstrategie zu durchschauen.

Was hätte der Grüne tun sollen, um dem Fallstrick zu entgehen? Er hätte nur rechtzeitig, und zwar spätestens bei der zweiten Scheibe der Salami, die von den Kohle- und Braunkohlekraftwerken handelte, die Ja-aber-Taktik anwenden müssen: »Ja, das sehe ich auch so, aber ich fürchte, Kernkraftwerke sind noch schlimmer.« Und schon hätte er die Strategie seines Gegners durchkreuzt.
Wer sich einer solchen Technik weniger als Täter bedient, als sich ihr vielmehr als Opfer gegenübersieht, bei dem müssen die Alarmglocken sofort klingeln, wenn er in einem Gespräch mehrfach hintereinander gezwungenermaßen Ja sagen oder auch nur nicken muss. Dann heißt es rechtzeitig mit der Ja-aber-Taktik dagegensteuern und das Schlimmste verhindern!

Übrigens ist diese Vorgehensweise auch in der Verkaufsrhetorik recht beliebt, indem der Verkäufer dem Kunden zunächst nur Fragen stellt, die er bejahend beantworten muss (»Kann ich Ihnen helfen?... Darf ich Ihnen dieses Modell einmal vorführen?... Legen Sie Wert auf eine gute Qualität?« etc.). Es bildet sich dabei eine gewisse Eigendynamik heraus, die es beinahe erzwingt, dass man jemandem, dem man achtmal Recht gegeben hat, beim neunten Mal nicht mehr widerspricht. Und die neunte Frage lautet dann häufig nur noch: »Wie soll ich es Ihnen einpacken?«

Die Täter-Opfer-Rollen aufbrechen

Sprachliche Angriffe sind oftmals deshalb so erfolgreich, weil sich die Angegriffenen bereitwillig in ihre Opferrolle fügen. Häufig wird mit einem genau das gemacht, was man mit sich machen lässt! Ob in einer Partnerschaft oder am Arbeitsplatz: Immer wieder kann man beobachten, dass sich die scheinbar Unterlegenen schon frühzeitig in diese Rolle fügen und sie in der Folge beibehalten. Sie leiden darunter zwar in vielen Fällen, aber begehren nicht auf. Dabei ist diese Unterwürfigkeit ein Signal für den aggressiveren Teil, mit der Aggression fortzufahren, denn sie wird ja jetzt erst recht zum Erfolgserlebnis! Im Gegensatz zum Verhalten bei manchen Tierarten wirkt bei vielen Menschen die Demutsgeste also nicht zwangsläufig besänftigend; wer sie zeigt, endet – wie die Geschichte der Menschheit deutlich zeigt – im schlimmsten Falle als Märtyrer. Im günstigeren Falle erreicht der Angreifer aber eine Situation, die man auch im Tierreich wiederfindet: Es entsteht eine Hackordnung. Der unterlegene Wolf oder Hund demonstriert in einer Auseinandersetzung mit dem Ranghöheren sein Einverständnis in diese Rollenzuweisung damit, dass er »den Schwanz einkneift«.
Aber selbst Tiere haben Möglichkeiten entwickelt, zwischen Angriff und Unterwerfung Gesten der verdeckten Gegenwehr zu zeigen. So beißen Wölfe und Hunde in die Luft, intelligente Vogelarten wie Papageien hacken ins Leere. Sie zeigen damit an: »Vorsicht, bis hierhin und nicht weiter! Ich kann dich beißen, wenn ich will!«
Etwas Ähnliches signalisiert auch ein schlagfertiger Konter in der menschlichen Kommunikation: »Achtung, ich bin bereit zum Schlag, aber ich führe ihn (noch) nicht wirklich aus!« Je nach Situation sollten Sie also schlagfertig kontern, statt zu »kneifen«.

Eine Rolle legt die Position einer Person in einer Gruppe oder Beziehung fest.

Überzeugen und manipulieren

> **Übungen**
>
> **1.** Überlegen Sie, ob Sie sich schon einmal in einer Opferrolle befunden haben, und was Sie getan haben, um daraus auszubrechen.
> ▶ Wann haben Sie gemerkt, dass Sie in die Ecke gedrängt wurden?
> ▶ Haben Sie sich dagegen gewehrt?
> ▶ Wann haben Sie sich gewehrt? Wie haben Sie sich gewehrt?
>
> Wenn Sie es zu spät gemerkt haben, dann werden Sie hoffentlich in Zukunft aufmerksamer sein. Unproduktive Rollenzuweisungen sollten, sobald sie erkannt werden, bewusst angegangen und aufgebrochen werden – z. B. durch schlagfertiges Kontern. Häufig ist es jedoch so, dass man den so genannten Interventionspunkt verpasst, d. h., man reagiert nicht augenblicklich, obwohl man spürt, was der andere vorhat. In einem fortgeschrittenen Stadium hat er dann schon so viel an Boden gewonnen, dass man selbst nicht mehr genug davon hat, um darauf stehen zu können.
>
> **2.** Wann würden Sie in dem folgenden Beispiel protestieren?
> »Wir alle wissen, dass viele Menschen in unserem Land ungesunde Angewohnheiten haben. (1)
> Sie werden mir sicherlich bestätigen, dass Rauchen der Gesundheit schadet. (2)
> Schon *eine* Zigarette behindert unsere Blutzufuhr und vergiftet unseren Organismus. (3)
> Aber auch der Alkohol ist ein großes Problem unserer Gesellschaft. (4)
> Das fängt schon beim Bier an.« (5)
>
> Lösungshinweise finden Sie auf Seite 149.

Schlagfertigkeit ist eine Möglichkeit, sich gegen die Opferrolle zu wehren.

Manipulieren durch »harte« Daten und Zahlen

Ein geflügeltes Wort sagt, es gebe drei Arten der Lüge: die gemeine Lüge, die Notlüge und die Statistik. Obwohl sich ernsthafte Mathematiker mit Recht über diese Schmähung ereifern, klärt sie doch auf einfachste Weise, wie die Statistik in der Rhetorik eingesetzt und missbraucht werden kann. Die Verbindung von Statistik und Rhetorik öffnet der Manipulation Tür und Tor.

Die Verwendung von Zahlen und Daten gibt jeder Stellungnahme ein wissenschaftliches Aussehen. Die Überzeugungskraft von mathema-

Die Statistik steht bei vielen Menschen in einem sehr schlechten Ruf.

tisch verbrämten Argumenten scheint in unserem westlichen Kulturkreis besonders hoch zu sein und entspringt einer langen Tradition des Denkens, die spätestens mit dem Philosophen Immanuel Kant im 18. Jahrhundert erklärt hat, dass in einer Lehre nur so viel Wissenschaft ist, als darin Mathematik enthalten ist.

Zahlenmaterial hat in unserer Kultur große Überzeugungskraft.

Statistiken sind leicht zu manipulieren

Angenommen, ein Vortragsredner erhärtet seine Thesen durch einen Satz von Daten. Sind diese Daten das Ergebnis eigener Forschungen, so können sie ohnehin nur aufgrund anderer Forschungen in Zweifel gezogen werden. Da in diesem Fall die Widerlegung dieser Thesen nicht weniger problematisch und unsicher ist als ihre ursprüngliche Bestätigung, darf man annehmen, dass sich manche Theorien allein deshalb behaupten können, weil sie mit hinreichender Autorität und viel objektiver Tünche in Form von schwer überprüfbaren Daten dargeboten werden. Sogar innere Widersprüche einer in dieser Weise präsentierten Theorie müssen dann nicht sofort zu ihrer Verwerfung führen. Es ist darum nicht auszuschließen, dass auf diese Weise auch vorsätzliche Täuschungen in den unverdienten Rang von wissenschaftlichen Theorien oder Entdeckungen kommen.

Unverfrorener Wissenschaftler

So täuschte im Jahr 1989 ein indischer Fossilienforscher die Fachwelt mit der Mitteilung sensationeller Funde, aufgrund derer die ganze biologische Abstammungstheorie hätte umgeschrieben werden müssen. Vielleicht wäre der Forscher zu unsterblichem Ruhm gekommen, wenn er nicht den Fehler begangen hätte, sich mit seinem Assistenten zu zerstreiten. Letzterer hatte daraufhin nichts Besseres zu tun, als der Fachwelt mitzuteilen, dass sein geschätzter Professor seine sensationellen Funde nicht etwa irgendwo in Indien gefunden, sondern auf allerdings recht raffinierte Weise in seinem Labor frei erfunden hatte.

Abseits solch bedenklicher, aber hoffentlich doch seltener Machenschaften ist der »interpretierende« Gebrauch so genannter harter Zahlen durchaus salonfähig. Insbesondere im öffentlichen Missbrauch der Statistik durch einige medienhungrige Politiker und Wissenschaftler ist es eine viel geübte Unsitte geworden, einen Teil der Maßzahlen ganz einfach zu verschweigen, um das Datenmaterial für die eigenen Zwecke ausdeuten zu können.

Die praktische Art, Probleme zu verschleiern

Statistiken können missbraucht werden, indem man sie nur unvollständig wiedergibt.

Die Bevölkerung wurde vor einigen Jahren aufgeschreckt durch ein gewaltiges Robbensterben an der Nord- und Ostsee. Der Ausdruck »Robbensterben« deutet bereits auf eine zeitliche Veränderung des Robbenbestands hin. Es gibt nun aber auch eine zeitliche Veränderung des Robbensterbens selbst, also eine Veränderung des Tempos, mit dem es fortschreitet oder, wenn man so will: eine Veränderung der Veränderung. Diese zweite Veränderung muss man rhetorisch nur noch gut verpacken. Die Öffentlichkeit konnte deshalb eines Tages in der Zeitung lesen, dass man sich keine Sorgen mehr zu machen brauche, da das Robbensterben sichtlich abgenommen habe. In der Sprechweise der ersten Veränderung heißt das zwar, dass nach wie vor Robben sterben und von verminderter Sorge schon allein deshalb keine Rede sein dürfte, weil ja irgendwann keine Robben mehr sterben können. In der zweiten Veränderung sterben jedoch immer weniger Robben, und so hört sich derselbe Sachverhalt schon viel freundlicher an.

Vom Abschwung des Aufschwungs

Man könnte die Kette der Beispiele weiter fortsetzen mit Problemen wie dem Waldsterben oder der Arbeitslosigkeit. Wird z. B. von den jeweils interessierten politischen Parteien darauf hingewiesen, dass der Anstieg des Waldsterbens oder der Arbeitslosigkeit in diesem Jahr deutlich geringer sei als im letzten Jahr, so drückt sich darin nichts anderes aus als die zweite zeitliche Veränderung des Baumbestands oder der Arbeitslosenzahlen. Es wird dabei die psychologisch ungleich ungünstigere Aussage umgangen, dass sich die Situation nach wie vor verschlimmert. Das ist so, als würde der Kapitän auf der sinkenden Titanic seinen Passagieren erklären: »Bitte regen Sie sich nicht auf, unser Schiff sinkt gar nicht mehr so schnell wie vorhin!«

Notwendig oder zumindest hilfreich ist hier allerdings eine gewisse Finesse in der Formulierung, denn hätte man unumwunden von einer Abnahme der Zunahme des Baumsterbens gesprochen, wäre die Manipulation wahrscheinlich auch unbedarften Menschen aufgefallen. So jedoch gibt es eine erfreuliche Abnahme des Waldsterbens, die man ganz dreist noch mit der Behauptung krönen könnte: »Spätestens im Jahre 2010 haben wir das Waldsterben gestoppt!« Die Frage ist nur, ob es dann noch einen einzigen gesunden Baum gibt.

Manipulieren durch Weglassen

In der Kombination von Statistik und Rhetorik werden vor allem gern solche Kennwerte verschwiegen, die ein Licht auf die tatsächliche Verteilung werfen würden. So ist z. B. eine Aussage über den Durchschnitt einer Untersuchungsgesamtheit nur sinnvoll, wenn die zugehörige Streuung nicht zu groß ist. Beispielsweise ist die Feststellung, dass jeder Bundesbürger täglich im Durchschnitt eine bestimmte Anzahl Zigaretten raucht oder zwei Glas Bier trinkt, in Anbetracht der Tatsache, dass es eine große Gruppe von Nichtrauchern oder Abstinenzlern gibt, für sinnvolle Folgerungen oder Maßnahmen im medizinischen Bereich nicht zu gebrauchen. Die Auswahl der Bezugsgruppe kann ohnehin zu bemerkenswerten Verzerrungen führen, wie etwa auch im folgenden Fall:

Jedes Jahr sterben 10 000 Menschen im Straßenverkehr und 100 000 im Bett. – Folgerung: Das Bett ist zehnmal so gefährlich wie der Straßenverkehr.

Das Faszinierende an solchen Beispielen ist, dass die Datenbasis im Grunde korrekt ist (in der Größenordnung stimmt das obige Beispiel). Man lässt jedoch einfach ein paar weitere wesentliche Gesichtspunkte außen vor – in diesem Fall, wie viele Menschen jeden Tag ins Bett gehen und wie viele sich in den Straßenverkehr begeben. Und man verschweigt auch, dass die meisten Menschen, wenn sie spüren, dass sie sterben, sich eher ins Bett legen als ans Steuer setzen.

Die Verbindung von Statistik und Rhetorik öffnet der Manipulation Tür und Tor.

Gefährliches Reisen? Alles ist relativ!

Sie kennen doch sicherlich die weit verbreitete Behauptung, dass es viel sicherer sei, mit dem Flugzeug zu reisen als mit dem Auto oder mit der Bahn. Lässt man einmal das Auto als die riskanteste Art der Fortbewegung außer Acht, so spricht die Statistik auf den ersten Blick in der Tat für diese These. Im »Lexikon der populären Irrtümer« von Walter Krämer und Götz Trenkler (erschienen im Eichborn Verlag, Frankfurt am Main) findet sich allerdings eine interessante Variante, und zwar kommen die Autoren dort durch Änderung des Bezugsrahmens zu einem gegenteiligen Ergebnis. Zunächst die gängige Statistik:
Bahn: 9 Tote pro 10 Milliarden Passagierkilometer,
Flugzeug: 3 Tote pro 10 Milliarden Passagierkilometer.
Die Bahn wäre demnach dreimal so gefährlich wie das Flugzeug. Nimmt man als Bezugsrahmen jedoch nicht die zurückgelegte Wegstrecke, sondern einfach die Fahrzeit, so ist es genau umgekehrt:
Bahn: 7 Tote pro 100 Millionen Passagierstunden,
Flugzeug: 24 Tote pro 100 Millionen Passagierstunden.
Nun ist das Flugzeug mehr als dreimal so gefährlich wie die Bahn! Damit können Sie Ihre Angst vorm Fliegen jetzt auch noch statistisch begründen.

Zur Abwehr kritisch nachfragen

Trauen Sie keiner Statistik, die Sie nicht selbst gefälscht haben ...

Wird man mit solchen Zahlenspielchen konfrontiert, ist es sehr wichtig, dass man sie möglichst schnell durchschaut, zumindest aber spürt, dass hier getrickst wird. Das ist zwar auf der Spielwiese von Rhetorik und Statistik nicht gerade einfach, aber häufig hat man doch das deutliche Gefühl, dass etwas nicht stimmt, wenn man auch nicht genau weiß, was es ist. Oft wird der Bezugsrahmen manipuliert bzw. so angesetzt oder notfalls auch erfunden, wie man ihn braucht:
▶ Beim Robben- und Waldsterben bezieht man sich nicht auf den Bestand, sondern auf die Veränderung des Bestandes.
▶ Beim Vergleich zwischen den Gefahren von Straßenverkehr und Bett sind die Bezugsgruppen von völlig unterschiedlicher Größe.
Hier hilft vor allem rechtzeitiges Nachfragen! Wenn Ihnen das Ergebnis einer Statistik seltsam vorkommt, ziehen Sie alles in Zweifel, was Ihnen einfällt. Fragen Sie nach einem anderen Bezugsrahmen!

Übungen

1. Bitte betrachten Sie die folgende Statistik:

Jahr	1 000 DM	Umsatzzuwachs in Prozent
1993	205	
1994	220	7,3
1995	250	13,6
1996	270	8,0
1997	300	11,1
1998	320	6,7

Aus der folgenden Grafik zu dieser Statistik lässt sich unschwer erkennen, dass es sich um ein extrem stark expandierendes Unternehmen handelt:

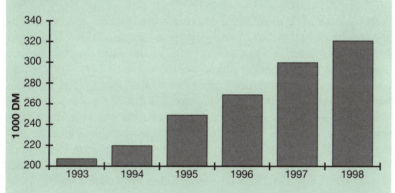

Die Frage ist immer: Wer interpretiert die Statistik zu welchem Zweck?

Decken Sie bitte die hier zugrunde liegende Manipulation auf!

2. Die Einkommen von neun Personen in einer Abteilung betragen:

800 DM	1 510 DM	2 200 DM
1 150 DM	1 740 DM	2 890 DM
1 500 DM	1 920 DM	14 190 DM

Folgerung: Der Durchschnittsverdienst in dieser Abteilung liegt bei 3 100 DM.
Versuchen Sie zu beurteilen, welche Aussagekraft diese Folgerung hat.

Lösungshinweise finden Sie auf Seite 150.

Widersprechen und mit Widerspruch umgehen

Niemandem wird es gelingen, immer und überall Recht zu bekommen und von jedermann stets gemocht zu werden. Nicht zuletzt aus diesem Grund wird es auch immer Menschen geben, die einem widersprechen. Wichtig ist dabei, dass man sich von Widerspruch nicht gleich aus der Bahn werfen lässt. So, wie man lernen sollte zu widersprechen, wenn man mit etwas nicht einverstanden ist, so sollte man lernen, mit Widerstand umzugehen – und das heißt zuweilen auch, ihn mit dem richtigen Argument zur richtigen Zeit zu kontern.

Einwände entkräften

Versetzen Sie sich in folgende Situation: Sie haben vor einigen Zuhörern ein Referat gehalten und darin sehr engagiert Ihre Thesen zu einem bestimmten Thema präsentiert. In der sich anschließenden Diskussion wendet einer der Zuhörer ein, dass Sie in Ihrem Vortrag vergessen haben, einen wichtigen Aspekt zu berücksichtigen.

Berechtigte Einwände sind immer unangenehm. Versuchen Sie trotzdem, souverän darauf zu reagieren.

Wenn Sie der Meinung sind, dass diese Kritik völlig unberechtigt ist, werden Sie sie auf der sachlichen Ebene relativ leicht widerlegen können. Schwieriger ist es allerdings, wenn Sie merken, dass an dem Einwand tatsächlich etwas dran ist – doch das wollen Sie vor dem Publikum natürlich nicht unbedingt zugeben. Jetzt können Sie nur noch versuchen, den Kopf mit einem rhetorischen Kniff aus der Schlinge zu ziehen – mit einer Einstellung, die es verdient hat, in den Rang einer goldenen Regel der Rhetorik erhoben zu werden: Es ist gegen kaum eine Behauptung schwerer anzukämpfen als gegen die, dass man Recht hat!

Widerspruch grundsätzlich entgegennehmen

Für die erfolgreiche Behandlung von Einwänden – gleich, ob sie nun berechtigt oder unberechtigt sind – lassen sich folgende Empfehlungen geben:
1. Ein Einwand wird immer entgegengenommen (etwa: »Gut, dass Sie das sagen, Herr W.«).
2. Der Einwand wird als konstruktiver Beitrag gewertet (»Gut, dass Sie das sagen, Herr W., das ist ein guter Einwand.«).

3. Der Einwand wird in seiner Bedeutung eingeschätzt (»Gut, dass Sie das sagen, Herr W., das ist ein guter Einwand, aber ich glaube, er berührt unser Problem nur am Rande.«).
Eine solche Einschätzung bestätigt zwar den Sprecher und seinen Einwand, lenkt letzteren jedoch an seinem Ziel vorbei. Gegen eine solche partielle Bestätigung zu argumentieren ist ungleich aufwändiger als gegen einen totalen Widerspruch. Außerdem klingt diese Aussage im Ton weniger aggressiv, als wenn der Einwand ungeschminkt mit der Bemerkung abgeschmettert worden wäre: »Herr W., Ihr Einwand tut wirklich nichts zur Sache.«

Die Behandlung des Einwands verschieben

Statt den Einwand an sich und dem Problem vorbeizulenken, kann man ihn natürlich auch auf einen späteren Zeitpunkt verschieben, etwa mit der Bemerkung: »Gut, dass Sie das ansprechen, Herr W., das ist ein ausgezeichneter Einwand, aber auf diesen Punkt wollte ich an späterer Stelle ohnehin noch zu sprechen kommen.«
Unredliche Diskutanten und Redner pflegen nun den Versuch zu unternehmen, die Behandlung des Einwands im Laufe der Diskussion einfach zu vergessen. Sollte dies bei einem aufmerksamen Diskussionspartner nicht möglich sein, so ergibt sich aus der Verschiebung unter Umständen dennoch ein taktischer Vorteil: Angenommen, ein Redner hat die Behandlung eines Einwands erfolgreich aufgeschoben, und es gelingt ihm, die Zeit bis zum Ende der Diskussion mit mehr oder weniger interessanten Beiträgen zu füllen. Wenn der Diskussionspartner dann zum Schluss nochmals auf die Behandlung seiner früheren Kritik drängt, so sind aufgrund der fortgeschrittenen Zeit viele Diskussionsteilnehmer vielleicht schon ermüdet und haben kein Interesse mehr an der Fortführung der Debatte. Derjenige, der jetzt noch auf der Behandlung seines Einwands besteht, zwingt alle anderen zum Bleiben und schafft damit eine für ihn ungünstige Stimmung. Die Mehrheit wird einverstanden und sogar dankbar sein, wenn der Einwand in aller Kürze behandelt wird. Aus einer möglicherweise schlagenden Kritik wird so eine Randbemerkung.
Man kann natürlich kurz vor Schluss auch sagen: »Ich fürchte, die anderen Diskussionsteilnehmer und -teilnehmerinnen haben es eilig. Lassen Sie uns doch das Ganze gleich unter vier Augen besprechen!« Und wenn nun der Letzte den Raum verlassen hat, dann schließen Sie sicherheitshalber die Tür hinter den anderen und sagen zu Ihrem Kontrahenten: »Ich glaube, Sie hatten vollkommen Recht.« Eine Niederlage ohne Zeugen ist keine!

Das Verschieben entspricht nicht immer den Gesetzen der Fairness.

> **Verschieben – zuweilen ohnehin sinnvoll**
>
> Selbstverständlich kann das Aufschieben der Behandlung eines Einwands auf einen späteren Zeitpunkt auch sachliche Gründe haben, die allen Gesprächspartnern zugute kommen. So gewinnt man mit dieser Taktik ein wenig Zeit, um sich eine wirklich gute und treffende Antwort auszudenken. Dazu kommt, dass manche Einwände eine Argumentation oder einen Vortrag so zerreißen können, dass es sinnvoller ist, alle Einwände zu sammeln und sie gebündelt am Ende zu behandeln.

Vier wirksame Methoden zur Einwandbehandlung

Wenn Einwände nicht rein sachlich zu entkräften sind, bedarf es besonderer Techniken.

Doch selbst einem unfair argumentierenden Rhetoriker kann es passieren, dass er einen Einwand vor einer Zuhörerschaft entkräften muss. Ist das mit sachlichen Mitteln möglich, so kann auf rhetorische Wendungen aus dem Bereich der unfairen Dialektik sicherlich verzichtet werden. Kann man den Einwand sachlich jedoch nicht in vollem Umfang entkräften, bleiben immer noch einige Möglichkeiten.

Abschwächung
Diese Strategie besteht darin, einen Einwand – wie oben geschildert – einzuschätzen und ihn dann an der kritisierten These vorbeizulenken. Entscheidend dabei ist, dass man dem Einwand seine Berechtigung, »auf der Welt zu sein«, nicht abspricht, dass man aber klar betont, dass er nicht den Kern der Sache trifft. Sollte man danach von seinem Kontrahenten zu einer Klarstellung gezwungen werden, so wird man diesen Kern der Sache tunlichst so darstellen, dass die kritisierten Bereiche wirklich oder zumindest anscheinend von untergeordneter Bedeutung sind.
Ganz schlecht sieht es für den Gesprächspartner aus, wenn man ihm seinen Einwand zwar zugesteht, aber die persönliche Betroffenheit leugnet: »Das ist ein interessanter Einwand, aber ich fühle mich davon eigentlich nicht angesprochen.« Nun hat der andere das leidvolle Los, einem zu beweisen, dass man sich von seinem Einwand angesprochen fühlen muss.

▶ »Ich verstehe deinen Einwand, aber ich glaube nicht, dass er für uns von zentraler Bedeutung ist.«

- »Das ist zweifellos richtig, aber das eigentliche Problem liegt doch ganz woanders.«
- »Das ist nachvollziehbar, aber an den Konsequenzen meiner These ändert das nichts.«
- »Theoretisch mögen Sie ja Recht haben, meine praktischen Erfahrungen weisen aber in die andere Richtung.«

Interpretation

Die Kunst der Interpretation ist den meisten aus dem Deutschunterricht geläufig. Während sie sich dort oftmals darin erschöpft, verstorbene Schriftsteller so lange zu vergewaltigen, bis diese im Grab rotieren, bietet sie im Bereich der Rhetorik auch bei lebenden Menschen, die vor einem stehen, die Möglichkeit, diese an den Rand des Wahnsinns zu bringen.

In Kombination mit Suggestivfragen bittet man in einer Diskussion scheinbar um eine Klärung des Einwands, um so lange an ihm herumzudeuten, bis der Diskussionspartner an seinem eigenen Einwand (ver-)zweifelt: »Das habe ich jetzt nicht verstanden. Sie meinen wahrscheinlich …?« Ihr Gesprächspartner hat keine andere Wahl, als seinen Standpunkt nochmals in anderen Worten darzustellen, worauf Sie erfreut sagen: »Ja, ich glaube, jetzt habe ich Sie verstanden. Sie wollen also Folgendes zum Ausdruck bringen …?« Natürlich verstehen Sie ihn wieder falsch, und der andere wird sich nun zunehmend verbissen bemühen, seinen Standpunkt verständlich zu machen. Sie können dieses Spiel so lange treiben, bis bei Ihrem Gesprächspartner die letzte Gehirnzelle streikt und er selbst nicht mehr weiß, was er sagen wollte.

> Die Strategie der Interpretation besteht im beharrlichen Vortäuschen eines Missverständnisses.

- *Einwand: »Ihre Unterstützung der Industrie geht zu weit! Unsere Luft muss einfach sauberer werden.«*
  Interpretation: »Habe ich Sie richtig verstanden, dass Sie unser Unternehmen für die gesamte Luftverschmutzung verantwortlich machen?«
- *Einwand: »Wie kannst du auf Pünktlichkeit pochen? Du kommst doch nicht mal rechtzeitig zum Essen!«*
  Interpretation: »Du meinst also, dass die pünktliche Einhaltung einer Lieferung im Wert von 200 000 Euro das Gleiche ist, wie wenn das Essen kalt wird?«
- *Einwand: »Dass Sie auf der Einhaltung aller Vereinbarungen bestehen, ist in diesem Fall nicht unbedingt notwendig.«*
  Interpretation: »Sie meinen also, Vereinbarungen werden nur zum Spaß getroffen und müssen nicht eingehalten werden?«

Widersprechen und mit Widerspruch umgehen

Herausgreifen eines Teils

Die teilweise Entkräftung eines Einwands genügt manchmal schon.

Bei dieser Strategie wird nicht der ganze Einwand entkräftet, sondern man greift sich lediglich einen Teil oder einen Aspekt heraus, den man widerlegen kann. Bei schlechten Zuhörern bleibt lediglich der Eindruck, dass irgendetwas widerlegt wurde und sich der Angegriffene erfolgreich gewehrt hat. Und es ist immer wieder erstaunlich, wie viele schlechte Zuhörer es gibt!

▶ *Einwand: »Wir schreiben seit Jahren rote Zahlen!«*
Teilentkräftung: »Aber unsere Küchengeräte haben sich dieses Jahr verkauft wie noch nie.«

▶ *Einwand: »Trotz der von Ihnen durchgeführten Werbekampagne haben wir im letzten Monat kein Stück mehr verkauft.«*
Teilentkräftung: »Immerhin hatten wir schon doppelt so viele telefonische Anfragen.«

▶ *Einwand: »Du hast ja mal wieder eine fürchterliche Kleidung an!«*
Teilentkräftung: »Aber die Krawatte hast du mir doch selbst geschenkt!«

▶ *Einwand: »Mit diesem Thema kann man doch keinen Menschen hinter dem Ofen vorlocken.«*
Teilentkräftung: »Doch, zumindest einen: mich!«

Vom Teil aufs Ganze geschlossen

Im Stadtrat einer westdeutschen Großstadt wollte ein Abgeordneter eines Tages die Frage klären, wie weit die städtische Verkehrsregelung am Waldsterben rund um die Stadt beteiligt sei. In der Tat musste man aufgrund der täglichen Staumeldungen den Eindruck haben, dass dieser Einfluss nicht unerheblich sein könnte. Kaum wurde dieser Punkt der Tagesordnung aufgerufen, meldete sich ein anderer Abgeordneter zu Wort und verwies auf ein Gutachten der in dieser Stadt beheimateten Universität, in dem eindeutig dargelegt wurde, dass das größte zusammenhängende Waldgebiet der Stadt sich in den letzten drei Jahren deutlich erholt hatte. Das Gutachten wanderte von Hand zu Hand. In der Tat konnte man dort nachlesen, dass sich der Zustand des betreffenden Waldgebiets in den letzten drei Jahren deutlich gebessert hatte. Also erklärte man im Stadtrat diesen Punkt für nachrangig und das Thema vorläufig als erledigt.

Was der Abgeordnete, der das Gutachten herumreichte und der es auch selbst in Auftrag gegeben hatte, verschwieg, war, dass das fragliche Waldgebiet in den letzten drei Jahren mit dem Kalk eines nahe gelegenen Kalksteinwerks gedüngt worden und insofern in keiner Weise aussagekräftig für das Thema Waldsterben war. Da er von der Universität jedoch ausdrücklich einen Zustandsbericht angefordert hatte, stand diese Seite der Medaille nicht in dem Gutachten!

Mit dem Herausgreifen eines kleinen, unrepräsentativen Teils wurde in diesem Beispiel also ein (wahrscheinlich berechtigter) Punkt erfolgreich gekontert.

Hinzufügen und übertreiben

Diese Technik ist eher für rhetorische Profis geeignet, sie sollte aber auch den weniger Geübten wenigstens bekannt sein, damit sie sie im Fall des Falles bei anderen durchschauen und sich dagegen wehren können. Beim Hinzufügen und Übertreiben wird ähnlich verfahren wie in der Selbstverteidigung des Judo: Der Schwung des Gegners wird noch verstärkt, um ihn schließlich mit Hilfe seiner eigenen Energie zu Fall zu bringen.

Ein Einwand wird demnach aufgegriffen und nachhaltig unterstützt: »Gut, dass Sie das sagen, Herr K., das ist ein ausgezeichneter Einwand. Möglicherweise muss man darüber hinaus sogar noch bemängeln, dass …« Daraufhin wird auf die Bemerkung des Gegners aufgebaut, seine

Das Argument wird auf die Spitze getrieben und so schließlich ad absurdum geführt.

Kritik wird noch verstärkt und erweitert. Wichtig ist dabei, dass der andere dieser Erweiterung seines Einwands folgt und ihr zustimmt. An einer bestimmten Stelle wird er dann stutzen und bestürzt feststellen, dass der Einwand in dieser Form nicht mehr haltbar ist und man deshalb bedauerlicherweise alles, was in dieser Richtung gesagt wurde, vergessen muss. Kurz gesagt, besteht diese Taktik also darin, den Einwand mit Zustimmung des Diskussionspartners so lange zu übertreiben, bis er nicht mehr haltbar ist.

Einwand: »Die Luftverschmutzung durch Autoabgase ist entschieden zu hoch!«
Erweiterung: »Sie meinen also, dass die Luft allgemein zu sehr belastet ist.«
Antwort: »Das kann man wohl sagen.«
Erweiterung: »Aber unsere Industrie belastet die Luft doch ebenfalls.«
Antwort: »Das ist leider richtig.«
Erweiterung: »Wir sollten alles einschränken, was die Luft belastet. Wir müssen wieder frei atmen können!«
Antwort: »Sie sprechen mir aus dem Herzen!«
Erweiterung: »Allerdings sollten wir dann auch den Pollenflug eindämmen.«

Widersprechen nicht nur als Selbstzweck

Wie das Aufschieben eines Einwands zugleich der sachgerechteren Behandlung dienen kann, so können die Techniken des Abschwächens, des Interpretierens, des Herausgreifens eines Teils und des Hinzufügens und Übertreibens auch etwas anderes bewirken, als nur den Gesprächspartner zu überlisten oder ihn mundtot zu machen. Sie können ihn z. B. zum Nachdenken bringen. Vielleicht trifft sein Einwand ja tatsächlich nicht den Kern der Sache? Oder: Was ist, wenn man den Einwand wirklich nicht verstanden hat, weil er unklar war? Was ist, wenn die Situation der Firma in der Tat nicht so schlecht ist, weil sich in einem Teilbereich bereits eine Erholung zeigt? Und wenn der andere einem bei der Übertreibung seines Einwands so bereitwillig folgt, dann darf er sich zum Schluss mit Recht Gedanken über die Grenzen seiner Einstellung machen.

Die beschriebenen Techniken sind nicht nur für rhetorisch unfaire Strategien geeignet.

Übungen

1. Finden Sie einige überzeugende Formulierungen, mit denen Sie die Behandlung eines Einwands auf später verschieben können.

2. Kontern Sie bitte die (berechtigten) Einwände mit mindestens zwei der beschriebenen Methoden zur Einwandbehandlung.
a) »Für eine Beförderung ist es bei Ihnen doch noch viel zu früh!«
b) »Ich glaube, Sie haben in Ihrer Beweisführung einen wesentlichen Punkt übersehen!«
c) »Ich denke, du hast meine Bemerkung in den falschen Hals gekriegt. Ich habe nicht gesagt, dass du nicht Auto fahren kannst!«

3. Mit der folgenden Lockerungsübung können Sie ganz allgemein üben, etwas Gesagtes aufzugreifen und es im Sinne Ihres eigenen Ziels zu kontern. Widersprechen Sie ohne langes Überlegen den unten aufgeführten Thesen, gleichgültig ob Sie ihnen in Wirklichkeit zustimmen oder nicht. Versuchen Sie, die spontane Widerlegung in maximal zwei Sätze zu fassen. Sie muss weder sachlich noch logisch richtig sein, es muss zunächst nur der Eindruck entstehen, dass Sie erfolgreich gekontert haben.
a) Der deutschen Wirtschaft ging es noch nie so gut wie jetzt.
b) Das Waldsterben war noch nie so schlimm wie dieses Jahr.
c) Männer und Frauen sind gleichberechtigt.
d) Die Erde ist eine Kugel.
e) 2 und 3 ist 5.

Lösungshinweise finden Sie auf Seite 150ff.

Wenn man die Argumente des Gegners schon kennt

Diskussionen haben den Vorteil, dass sie einen dazu zwingen, die eigene Meinung und Einstellung so auszuformulieren, dass sie auch von anderen nachvollzogen werden kann. So mag es geschehen, dass auch die eigene Sicht der Dinge erst im Zug der sprachlichen Auseinandersetzung mit anderen Menschen an Klarheit und Schärfe gewinnt und man auf diese Weise zu einer Art Selbsterkenntnis gelangt. In der Folge zahlreicher Diskussionen lernt man allerdings nicht nur sich selbst, sondern häufig auch seine Diskussionspartner kennen, und man ahnt be-

Die Lieblingsargumente seiner Kollegen beispielsweise kennt man recht gut.

stimmte Vorhaltungen darum schon lange, bevor sie gemacht werden. Das aber lässt sich ausnutzen.

Einwände vorwegnehmen

Nicht immer ist es sinnvoll, auf einen Angriff erst zu reagieren, wenn er vorgebracht wird.

Ist man in der Lage, den Einwand eines Gesprächspartners bzw. -gegners vorherzubestimmen, so kann man ihn bereits bei der Präsentation der eigenen Gedanken berücksichtigen. Indem die erwartete Aussage des anderen vorweggenommen wird, wird dem Gegner die Möglichkeit genommen, seine eigene, möglicherweise viel überzeugendere Version davon vorzubringen. Etwaige darauf folgende Versuche des Gegenübers, dieses Defizit zu beheben, kann man mit Hinweis darauf, dass man diesen Punkt bereits erörtert hat, niederschlagen, oder man toleriert sie, wohl wissend, dass die restlichen Zuhörer derartigen Wiederholungen nur noch wenig Interesse entgegenbringen werden. Geeignete Standardformulierungen sind:
▶ »Ich kann mir denken, wie Sie das sehen ...«
▶ »Sie werden mir wahrscheinlich entgegenhalten ...«
▶ »Ihre Einstellung ist vermutlich ...«

Den vorweggenommenen Einwand muss man selbstverständlich so formulieren, dass man ihn ohne große Schwierigkeiten widerlegen kann. Diese Widerlegung darf man allerdings bei den eben genannten Formulierungen auf keinen Fall schuldig bleiben. Man sollte auch nicht jedes denkbare Gegenargument vorwegnehmen, weil man sich so schnell in Argumentationsnöte bringen kann und dem Gegner womöglich wertvolle Hinweise für wirklich gute Einwände vermittelt.

Natürlich wird diese Technik leicht durchschaut, und der Gesprächspartner hat nun das sichere Gefühl, zu kurz gekommen zu sein. Wahrscheinlich wird er sich daraufhin zu Wort melden, um seinen Einwand nochmals mit eigenen Worten vorzutragen. Bei der heute fast überall herrschenden Zeitnot genügt aber ein gequälter Blick auf die Uhr, um ihn wie folgt zu tadeln: »Aber ich bitte Sie! Das haben wir doch längst erörtert! Für eine erneute Diskussion fehlt uns heute die Zeit!«

Widerlegung auf der unsachlichen Ebene

Mit viel schauspielerischem Talent kann man ein weniger anspruchsvolles Publikum sogar ohne Argumentation zur Sache von der Unbrauchbarkeit der vorweggenommenen Einwände überzeugen. Die eigentliche Behandlung des Einwands geschieht hier auf der eher emotionalen Ebene des Gesprächs, z. B. mit der Bemerkung: »Die meisten sind leider der Meinung ...« Gemeint und verstanden (aber nicht explizit ausgesprochen) wird hier, je nach Betonung und Umfeld der Diskussion: »Die Mehrheit ist ohnehin dumm, und jeder, der diese Ansicht vertritt, gehört dazu.«

Gänzlich in den Bereich der unfairen Dialektik gehören Äußerungen wie: »An dieser Stelle kommt immer der gleiche Einwand ...«, verknüpft mit einem Gesicht wie bei einem Migräneanfall und der Erklärung, dass es einem zu dumm ist, darauf noch einzugehen, weil man ihn schon hundertmal widerlegt hat.

Übungen

1. Überlegen Sie, mit welchen Einwänden Sie in Gesprächen oder Diskussionen schon häufiger konfrontiert wurden. Was haben Sie darauf in der Vergangenheit entgegnet? Legen Sie sich für die Zukunft eine Strategie zurecht: Wie können Sie diese Einwände und Ihre Entgegnungen darauf bereits in Ihre Argumentation von vornherein miteinfließen lassen?

2. Finden Sie neben den auf Seite 102 genannten Formulierungen weitere Sätze dafür, wie Sie den Einwänden eines Gegners, die Sie bereits zur Genüge kennen, die Luft aus den Segeln nehmen können.

Lösungshinweise finden Sie auf Seite 152.

Sich den Rückzug offen halten

Es ist mitunter nützlich, die eigene Meinung nicht als unumstößlich hinzustellen, um im weiteren Verlauf einer Auseinandersetzung gegebenenfalls den Rückzug antreten zu können. Man kann, wenn man auf eine Schwachstelle in seiner Argumentation angesprochen wird, notfalls das stolze Beharren auf anfangs eingenommene, aber unhaltbare Standpunkte ersetzen durch die offensive Demonstration der eigenen Lernfähigkeit: »Sie können mich nicht daran hindern dazuzulernen.«

Einfacher hat es allerdings derjenige, der rechtzeitig auf ein Mittel aus der Aussagenlogik zurückgegriffen und alle kritischen oder angreifbaren Behauptungen und Versprechungen in eine so genannte Implikation bzw. in die Wenn-dann-Form gekleidet hat. Nach den Regeln der Aussagenlogik ist eine Aussage in der Form »Wenn A, dann B« nämlich nur dann falsch, wenn das Vorderglied A wahr und das Hinterglied B falsch ist. Dazu ein konkretes Beispiel.

Kritische Aussagen sollten Sie grundsätzlich mit Bedacht formulieren.

Wenn-dann-Aussagen als Hintertürchen

Das Versprechen wird an Bedingungen geknüpft und die Verantwortung auf äußere Gegebenheiten abgeschoben.

Vielleicht erinnern Sie sich noch an den rhetorisch interessanten Fall aus dem Test im Logikkapitel, in dem ein Versprechen in der Wenn-dann-Form gegeben wird:

»Wenn ich morgen Zeit habe, dann komme ich vorbei.«
In der Folge gibt es vier alternative Möglichkeiten:
1. *»Ich habe Zeit und komme vorbei.«*
2. *»Ich habe Zeit und komme nicht vorbei.«*
3. *»Ich habe keine Zeit und komme vorbei.«*
4. *»Ich habe keine Zeit und komme nicht vorbei.«*

Offenbar ist nur Fall 2 ein Bruch des gegebenen Versprechens, denn hier ist die Voraussetzung erfüllt (»ich habe Zeit«), der Nachsatz jedoch nicht (»ich komme vorbei«). Fall 1 ist unproblematisch und erfüllt das Versprechen zur allgemeinen Zufriedenheit. Wenn die Voraussetzung nicht vorliegt (wie in den Fällen 3 und 4), ist man keine Verpflichtung eingegangen, und damit hat man sein Versprechen auch nicht gebrochen, gleich, welchen Ausgang die Sache nimmt (»ich komme« oder »ich komme nicht«). Es spielt dabei keine Rolle, dass Fall 3 möglicherweise unrealistisch ist.

Für den Gesprächspartner wird der Nachweis einer Lüge bei dieser Art von Aussage ein fast aussichtsloses Unterfangen. Denn einerseits kann er nur den Fall 2 zu ihrem Nachweis heranziehen, andererseits muss er in diesem Fall das Vorliegen der Voraussetzung (»ich habe Zeit«) nachweisen können. Zumindest in dem Beispiel hier dürfte das nicht einfach sein.

Wer eine Behauptung in der Wenn-dann-Form äußert, minimiert von vornherein das Risiko, für allzu klare Aussagen zur Verantwortung gezogen zu werden. Der Vorteil bei Versprechungen in der Wenn-dann-Form besteht zudem darin, dass man für die Einhaltung des Versprechens selbst nicht mehr verantwortlich ist, sondern dass man diese Verantwortung auf andere Menschen oder äußere Gegebenheiten abwälzt. Man hält sich auf diese Art und Weise alle Möglichkeiten offen und verpflichtet sich selbst zu (fast) nichts.

▶ Kunde: *»Ich brauche die Lieferung der Getränke bis spätestens Samstagabend.«*
Antwort: *»Wenn mich der Fahrer nicht im Stich lässt, kann ich Ihnen das garantieren.«*

Formulierungen mit Hintertürchen

- *Freund: »Kannst du mir nächste Woche 500 DM leihen?«*
  Antwort: »Wenn mir Walter bis nächste Woche meine 1 000 DM zurückgibt, ist das kein Problem.«
- *Partnerin: »Könntest du heute bitte mal die Einkäufe erledigen?«*
  Antwort: »Wenn ich rechtzeitig aus dem Büro komme, gehe ich einkaufen.«
- *Kollegin: »Können Sie nächste Woche an meiner Stelle den Termin bei der Firma XY wahrnehmen?«*
  Antwort: »Wenn ich bis dahin mein eigenes Projekt abgeschlossen habe, übernehme ich den Termin gern.«

Das Hintertürchen kontern

Offenbar ist es für denjenigen, der sich mit solchen fadenscheinigen Angeboten konfrontiert sieht, wichtig, diese sofort als unzulänglich zu erkennen. Wenn man erst einmal weiß, was ein Versprechen in der Wenn-dann-Form wert ist, ist das wahrscheinlich nicht weiter schwer. Wie jedoch kontert man solche unverbindlichen Aussagen? Am besten macht man auf der Stelle klar, dass man sie als solche erkannt hat.

Entgehen Sie den Fallstricken von Wenn-dann-Aussagen!

- *Kunde: »Da Sie die pünktliche Lieferung von Ihrem Fahrer abhängig machen, kann ich mich auf Ihre Zusage nicht verlas-*

105

Widersprechen und mit Widerspruch umgehen

sen. Entweder Sie sichern mir die Lieferung ohne Wenn und Aber zu, oder ich storniere meine Bestellung.«
- *Freund: »Du weißt doch, dass Walter kein Geld hat. Warum sagst du mir nicht gleich, dass du mir nichts leihen willst?«*
- *Partnerin: »Und was machen wir, wenn du nicht rechtzeitig aus dem Büro kommst? Kannst du mir sagen, was wir dann zu Abend essen?«*
- *Kollegin: »Das ist mir zu vage. Denn wenn auch Sie keine Zeit haben, muss ich den Termin bei XY rechtzeitig absagen. Geben Sie mir bitte bis spätestens übermorgen verbindlich Bescheid, ob Sie den Termin wahrnehmen können?«*

Ganz allgemein besteht der Konter darin, dass man – wie im ersten und zweiten Beispiel – ein Versprechen ohne Wenn und Aber verlangt oder zumindest – wie im dritten Beispiel – eine Vereinbarung für den Fall trifft, dass das Versprechen nicht eingehalten wird.

Übungen

1. Wie würden Sie ein Versprechen mit Hintertürchen formulieren, wenn Sie sich in folgenden Situationen befinden?
a) Sie reisen mit der Bahn an und müssen einen Termin einhalten.
b) Ihr Partner, Ihre Partnerin will im Juli Urlaub machen, Sie wissen aber nicht, ob Sie in der Zeit Urlaub bekommen.
c) Sie wollen eine Grillparty veranstalten, aber nur bei schönem Wetter.

2. In Übung 1 haben Sie Versprechen mit Hintertürchen gegeben. Nehmen Sie jetzt die Rolle Ihres Gesprächspartners, Ihrer Gesprächspartnerin ein. Wie kontern Sie die Aussagen mit Hintertürchen?

3. Erinnern Sie sich an den Test im Logikkapitel dieses Buches? Fragen Sie sich an dieser Stelle noch einmal, was ein Politiker wirklich verspricht, wenn er erklärt: »Wenn im kommenden Jahr das Bruttosozialprodukt um fünf Prozent steigt, werde ich für alle die Steuern senken.«
In welchem Fall ist er – nicht moralisch, sondern rein logisch gesehen – nur in der Pflicht?

Lösungshinweise finden Sie auf Seite 153.

Strategien der emotionalen Beeinflussung

Wirkungsvoller als die besten sachlichen Argumente sind oft Äußerungen, die den Gesprächspartner, die Gesprächspartnerin beim Gefühl packen. Eben weil sie so stark sind, sollten Strategien der emotionalen Beeinflussung von jedem redlichen Gesprächsteilnehmer maßvoll angewendet werden. Außerdem sollten bei Ihnen die Alarmglocken klingeln, wenn jemand versucht, Sie auf der Ebene der Gefühle für etwas zu vereinnahmen. Dann kommt es auf die richtige Gegenstrategie, den passenden schlagfertigen Konter an.

Eine erfolgreiche Gesprächsführung richtet sich sowohl an den Kopf als auch an den Bauch.

Wie gewinnt man die Sympathie seiner Zuhörer?

Neben der verstandesmäßigen Beurteilung einer Ansicht, die von der eigenen abweicht oder die einem völlig neu ist, gibt es die im praktischen Leben möglicherweise entscheidendere gefühlsmäßige Einschätzung – ein nicht der rationalen Kritik unterworfenes Gespür dafür, ob ein anderer die Wahrheit sagt oder ob seine Meinung richtig ist.
Diese Beobachtung veranlasste bereits den Philosophen Aristoteles zur Entwicklung einer rhetorischen Affektenlehre, nach der ein Sprecher durch die Art seines Auftretens bestimmte Emotionen bei seinen Zuhörern zu wecken in der Lage ist. Aristoteles kritisierte allerdings, dass das Mittel der Affekterregung ohne weiteres auch zur Irreführung der Zuhörer missbraucht werden kann. Zweifellos gelingt es einem Redner oder Sprecher, der die Gefühlslage und das Gespür seiner Zuhörer kennt und beherrscht, diese nicht nur in Richtung auf eine – wie auch immer geartete – Wahrheit zu beeinflussen.

So sind Sie emotional überzeugend

Die Sympathie des Publikums für einen Redner unterliegt – anders als eine rein sachliche Argumentation – keinen festen, logischen Regeln. Es lassen sich jedoch ein paar Faktoren angeben, die sie mit hoher Wahrscheinlichkeit beeinflussen:
▶ Der Sprecher muss engagiert sein, er sollte den Eindruck erwecken, dass sich mit der von ihm vertretenen Ansicht ein persönliches Anliegen verbindet.

Strategien der emotionalen Beeinflussung

Die hier genannten Punkte sprechen das Gefühl der Zuhörer besonders an.

▶ Der Sprecher muss redlich und ehrlich erscheinen, d. h., er sollte den Eindruck erwecken, dass er das, was er sagt, auch selbst glaubt. Insbesondere in diesem Punkt verscherzen sich selbst gute und gewandte Redner oft die Gunst des Publikums, das bei manchen Auseinandersetzungen das Gefühl erhält, dass nur um der erfolgreichen Präsentation willen gestritten wird.

▶ Der Sprecher sollte knapp und klar reden. Weitschweifige und korrekt verschachtelte Sätze zeugen zwar von Sprachbeherrschung, mitunter aber auch von Missachtung des Zuhörers. Zudem kann man die viel gelobte Fähigkeit einiger »begabter« Menschen zur Konstruktion von Bandwurmsätzen mit etwas weniger Wohlwollen auch als Unfähigkeit oder zumindest Unwilligkeit deuten, sich knapp und verständlich auszudrücken.

▶ Der Sprecher sollte unnötige Fremdwörter vermeiden und in der Sprache des Zuhörers reden. Wer seine Zuhörer mit Fremdwörtern mundtot machen und sie rhetorisch erschlagen will, mag das tun, Sympathien erwirbt er sich damit nicht. Wer mit einem herausragenden Sprachschatz seine herausragende Bildung präsentiert, weist seinen Zuhörern auf diese Weise ihre Unzulänglichkeit nach und wird darum kaum gemocht werden.

▶ Strittig ist, ob man seine eigene Meinung in eine umfassendere einbetten soll, um den Zuhörer nach dem Motto »Wir sind mit Einstein der Meinung, dass ...« rhetorisch zu umzingeln. Der Gebrauch von »wir« anstelle von »ich« setzt den Zuhörer zwar unter Umständen kurzfristig unter Druck, der kann jedoch außerhalb der Diskussion schnell ins Gegenteil umschlagen. Mitunter empfiehlt es sich deshalb – zumindest in Gesprächen im kleinen Kreis – sowohl auf »wir« als auch auf »ich« weitgehend zu verzichten und stattdessen partnerorientiert »Sie« oder »du« zu sagen (»Sie haben damals gesagt, dass ... « – »Du hast gerade darauf hingewiesen, dass ...«).

Die Klippen des Fremdwortgebrauchs

Unkontrollierte Anleihen aus Fremd- und Fachsprachen wirken manchmal geradezu so, als wolle der Sprecher damit schlichtweg seine mangelnde Vertrautheit mit der Muttersprache überspielen. Fragen Sie einen solchen Menschen ruhig einmal, ob er das Ganze auch auf Deutsch sagen kann! Ganz heikel wird es für ihn, wenn Sie ihm einen falschen Gebrauch von Fremdwörtern nachweisen.

Übungen

1. Bringen Sie den folgenden komplizierten und trockenen Text in eine emotional ansprechendere und zugleich verständlichere Fassung. Übersetzen Sie ihn in Ihre normale Alltagssprache:

Raub ist jenes strafbare Delikt, das ein Mensch durch die Entwendung eines ihm nicht gehörenden Gegenstandes und in Abgrenzung zum Diebstahl unter zusätzlicher Anwendung von Gewalt oder von Drohungen gegenüber einer anderen Person begeht, unter der Bedingung, dass die Intention einer rechtswidrigen Aneignung besteht.

2. Versuchen Sie, die folgenden trockenen Szenen durch Umschreibungen lebendiger zu gestalten:

a) Temperaturen um minus 50 Grad machen den Aufenthalt im Freien in Jakutsk für viele Einwohner unattraktiv.
b) Im Sommer sucht man im Park vergeblich nach einer freien Bank.
c) Die Qualität des Kantinenessens lässt zu wünschen übrig.

Sprechen Sie verständlich und lebhaft – das sichert Ihnen die Sympathien Ihrer Zuhörer.

3. Zum Abschluss dieses Kapitels können Sie noch eine allgemeine Übung zur Verbesserung Ihrer Schlagfertigkeit machen.

a) Lassen Sie sich von einem Freund oder einer Freundin geläufige Begriffe zuwerfen, und versuchen Sie, spontan mit diesen Begriffen sinnvolle oder aber witzige Sätze zu bilden. Dies ist ja genau die Kunst der Schlagfertigkeit, dass Sie in einem Gespräch die Bemerkungen Ihres Gesprächspartners aufgreifen und sozusagen mit seiner eigenen Munition zurückschießen.
b) Trainieren Sie dann, eigene Wörter zu finden, indem Sie sich von Ihrem Partner, Ihrer Partnerin einen Buchstaben zurufen lassen, der der Anfangsbuchstabe Ihres Wortes sein muss.
c) Sobald Sie sechs Wörter zusammen haben, versuchen Sie innerhalb von vier Minuten, aus diesen eine kleine Geschichte zu bilden. Lassen Sie Ihren Partner, Ihre Partnerin diese Geschichte in Bezug auf Originalität und Witz beurteilen.

Wenn Sie Übungen wie diese häufiger durchführen, werden Sie feststellen, dass Sie sich im Teil b die Wörter zunehmend besser in Hinblick auf ihre Verwendung im Teil c aussuchen. Sie suchen bereits vorausschauend nach den »richtigen« Wörtern.

Lösungshinweise finden Sie auf Seite 153f.

Killerphrasen

Wer Killerphrasen anwendet, verlässt ganz eindeutig die sachliche Ebene des Gesprächs.

Killerphrasen sind der Gipfel der unfairen Dialektik. Es sind Sätze der Abwehr, der Ablehnung und Herabsetzung, die keinen konstruktiven Beitrag leisten und jeden Gesprächsfortschritt im Keim ersticken. Killerphrasen zielen stets auf die Person und nicht auf die Sache, sie sind ein Angriff auf der emotionalen Ebene der Kommunikation. Aus diesem Grund ist eine Abwehr mit sachlichen Argumenten – wie Sie gleich sehen werden – auch kaum möglich. Hier versagt der gängige Ratschlag, dass man in Konfliktsituationen stets sachlich bleiben soll.

Häufig gebrauchte Killerphrasen sind z. B.:

- »Das geht sowieso nicht.«
- »Das haben wir schon immer so gemacht.«
- »Wenn das ginge, hätte es schon längst jemand anders so gemacht.«
- »Das ist grundsätzlich richtig, aber bei uns nicht anwendbar.«
- »Dazu fehlt uns die Zeit.«
- »Haben Sie überhaupt Abitur?«
- »Das haben schon fähigere Leute (als Sie) nicht lösen können.«
- »Das ist doch bloße Theorie.«
- »Das geht uns nichts an.«
- »Das ist doch längst überholt.«
- »Das hat Professor X längst geklärt.«
- »Das können Sie schwarz auf weiß nachlesen.«
- »An Ihrer Stelle würde ich das auch behaupten.«
- »Wir haben da so unsere Grundsätze.«

Sachliche Argumente nützen oft nichts

Gehen Sie dem Angreifer nicht auf den Leim: Auf Killerphrasen sachlich einzugehen, bringt nichts.

Da der Angriff mit Killerphrasen auf der emotionalen Ebene erfolgt, kann es gelegentlich sogar üble Folgen für den Verteidiger haben, wenn er sich mit sachlichen Argumenten dagegen zur Wehr setzt. Stellen Sie sich beispielsweise vor, jemand konfrontiert Sie an Ihrem Arbeitsplatz mit der Killerphrase: »Sind Sie überhaupt kompetent?« Natürlich können Sie jetzt arrogant mit einer weiteren Killerphrase antworten: »Im Verhältnis zu Ihnen schon.« Damit würde der Konflikt aber auf schnellstem Wege eskalieren. In dem redlichen Bemühen, dem unsachlichen Angreifer sachlich zu begegnen, versuchen Sie hingegen zu beweisen, dass Sie tatsächlich kompetent sind. Zu diesem Zweck müssen Sie aber Ihre persönlichen Fähigkeiten und Erfahrungen offenbaren, kurzum: Sie sagen etwas Gutes zu Ihrer eigenen Person. Ihr Angreifer hört sich das alles interessiert an, um schließlich kühl zu entgegnen: »Nachdem Sie sich derart beweihräuchert haben, können wir jetzt vielleicht wieder zur Sache kommen!« Urplötzlich sind Sie selbst in der Position dessen, der den Tugendpfad der Sachlichkeit verlassen haben soll.

Unfaire Attacken entschieden zurückweisen

Es ist deshalb Erfolg versprechender, Killerphrasen entweder mit Schlagfertigkeit und Witz zu begegnen oder aber mit dem Hinweis, dass es sich hier um Killerphrasen handelt, auf die man nicht weiter reagieren wird. Man sagt also z. B.: »Bitte werden Sie nicht persönlich!« Oder ausdrücklich: »Bitte lassen Sie die Killerphrasen!« In dem zweiten Konter gibt es nur zwei Möglichkeiten: Entweder Ihr Gegner kennt den Ausdruck »Killerphrase« und wird darum hoffentlich in der Erkenntnis, dass er ertappt ist, damit aufhören, sie anzuwenden. Oder er kennt diesen Ausdruck nicht. Das ist dann aber nicht Ihr Problem, zugeben wird er das kaum! Ebenso kann man die feindselige Äußerung auch durch eine geeignete Frage als Killerphrase kennzeichnen: »Wollen Sie die Diskussion jetzt lieber auf einer persönlichen oder auf einer sachlichen Ebene weiterführen?«

Der Hinweis darauf, dass der andere nicht persönlich werden soll oder dass eine Äußerung eine Killerphrase ist, ist allerdings selbst eine Killerphrase. Das erkennt man gut, wenn man sich vor Augen hält, wie wohl ein eher freundlich gestimmter Diskussionspartner reagieren würde, wenn man ihm auf eine durchaus ernst zu nehmende Äußerung entgegnen würde: »Lassen Sie doch bitte diese Killerphrase!«

Sollte der Gesprächspartner jedoch zuvor wirklich eine Killerphrase benutzt haben, so darf man getrost mit gleichen Mitteln zurückschlagen. Manchmal ist das ganz heilsam, insbesondere wenn der Gesprächspartner sich gar nicht bewusst ist, dass er mit Killerphrasen arbeitet.

Killerphrasen kann man getrost mit Killerphrasen kontern.

Im Zweifelsfall schweigen Sie einfach!

Bitte beachten Sie: Sollten Sie einmal mit einer Killerphrase konfrontiert werden, zu der Ihnen weder eine geschickte Frage noch ein schlagfertiger Konter einfällt, dann sagen Sie lieber nichts, bevor Sie etwas Falsches sagen! Es ist immer noch besser, eine Unverschämtheit einfach zu ignorieren, als sich selbst durch eine verlegene oder ungeschickte Äußerung an den Rand des rhetorischen Abgrunds zu manövrieren.

Strategien der emotionalen Beeinflussung

Veränderungen unerwünscht?

Als ich einmal ein Seminar für Führungskräfte in einem osteuropäischen Land gab, das dafür bekannt ist, dass es bereits in der kommunistischen Vergangenheit gern und erfolgreich westliches Wirtschaftsgebahren kopierte, hielten mir die Seminarteilnehmer, alles hochkarätige Unternehmenschefs, entgegen, dass meine Vorstellungen ja in Deutschland gut umzusetzen seien, aber in ihrem Land sei das eben ganz anders und daher nicht möglich. Etwas verärgert entgegnete ich darauf: »Wissen Sie, diesen Unsinn muss ich mir in deutschen Unternehmen auch ständig anhören. Damit können Sie jede Veränderung seit der Steinzeit erfolgreich blockieren!« Überrascht gaben mir die Seminarteilnehmer auf diesen Einwand Recht.

Und in der Tat höre ich derartige Killerphrasen auch in Seminaren in Deutschland regelmäßig. Als ich zum wiederholten Mal mit dem Spruch »Das mag ja woanders gehen, aber nicht bei uns« konfrontiert wurde, schlug ich gleichermaßen zurück: »Wenn Sie sich nur halb so viel Mühe geben würden zu überlegen, wie Sie die Dinge bei sich ändern können, wie Sie jetzt gerade darauf verschwenden, mir zu zeigen, warum es nicht geht, dann würde es garantiert gelingen!«

> »Das geht doch nicht« ist eine der am häufigsten verwendeten Killerphrasen.

Übungen

1. Kontern Sie die folgenden Killerphrasen, indem Sie sie entweder als solche entlarven (a) oder indem Sie sie mit einer angemessenen Killerphrase beantworten (b).

a) »Das haben wir noch nie so gemacht!«
b) »Das haben wir schon immer so gemacht!«
c) »Das können Sie doch gar nicht beurteilen!«
d) »Das haben schon fähigere Leute (als Sie) nicht lösen können!«
e) »Das ist doch alter Wein in jungen Schläuchen!«
f) »Das hat Professor X längst geklärt!«
g) »Das können Sie schwarz auf weiß nachlesen!«

Tipp: Man kann die Antworten (a) und (b) durchaus auch in dieser Reihenfolge miteinander kombinieren und damit die Schlagkraft seines Konters erhöhen. Zuerst nimmt man die Kennzeichnung als Killerphrase vor, danach krönt man diese mit der Überleitung »im Übrigen …« mit der eigenen Killerphrase.

In zwei Schritten lassen sich Killerphrasen wirkungsvoll kontern.

2. Greifen Sie ein Wort mit einer negativen Tendenz auf, und geben Sie ihm in kürzester Zeit eine positive Wendung, ohne an der ursprünglichen Bedeutung allzu viel zu ändern. Sie trainieren damit das Kontern auf negative Beschreibungen.

Negative Formulierung	Positive Formulierung
a) Einwand	
b) Pubertätsstörungen	
c) Raser	
d) kämpfen	
e) blass	
f) Sonderling	
g) hässlich	
h) passiv	
i) Bierbauch	
j) Absahner	
k) geizig	
l) heulen	
m) unbeherrscht	

Lösungshinweise finden Sie auf Seite 154f.

Was ist eigentlich »offensichtlich«?

Unter Evidenz versteht man eine Art Wahrheitskriterium für solche Behauptungen, die man (angeblich) nicht weiter zurückführen oder hinterfragen kann. In der Rhetorik interessiert weniger die objektive Evidenz, in der sich z. B. in der Wissenschaft eine Wahrheit oder ein Sachverhalt als solche(r) unzweifelbar »zeigt«. Es geht vielmehr um die alltägliche, subjektive oder psychologische Evidenz, die sich in einem schlichten »Gefühl des Überzeugtseins« ausdrückt. Obwohl wir in der Evidenz eine Einsicht ohne methodische Vermittlungen vor uns haben, ist sie eine der wesentlichen Säulen unseres Argumentierens und als solche selbst Methode.

So berufen wir uns in Wissenschaft und Alltag ständig auf *evidente* Sätze, auf offensichtliche und selbstverständliche Einsichten, ohne den eigentlichen Charakter dieser Einsichten jemals beweisen zu können. Vielleicht ist es diese verwirrende Situation, die die Berufung auf Evidenzen innerhalb einer Diskussion häufig so erfolgreich macht. Hier finden wir suggestive Einleitungen wie:

- ▶ Es ist vollkommen klar, dass ...
- ▶ Wie jeder weiß ...
- ▶ Es ist offensichtlich, dass ...
- ▶ Ohne jeden Zweifel ist ...

Die Tücken der Evidenz

Wer hinterfragt schon gern, was angeblich jeder weiß? Seine Skepsis öffentlich zuzugeben erfordert Mut.

In erster Linie handelt es sich hier um behauptete Evidenzen, aber wie will man den Streit darüber, was nun wirklich offensichtlich ist, entscheiden? Wer wird sich darüber hinaus zu Wort melden, um zuzugeben, dass er etwas nicht einsieht, was angeblich evident, offensichtlich oder vollkommen klar ist? Einer meiner früheren Mathematikprofessoren pflegte die umfangreichen Beweise mancher mathematischer Lehrsätze abzukürzen, indem er lediglich die Voraussetzungen an die Tafel schrieb, um dann mit dem Kürzel »wmls« (»wie man leicht sieht«) das Endergebnis hinzuschreiben. Bis auf einige wenige Talente haben wir Studenten in der Regel zunächst einmal nichts verstanden, aber wer traut sich schon, vor allen anderen zuzugeben, dass er etwas nicht versteht, was man – d. h. möglicherweise jeder andere – ganz leicht einsehen kann?

Aus dieser psychologischen Situation lässt sich die Regel ableiten, dass das Gelingen dieser Technik bei einem Vortrag oder einer Diskussion umso wahrscheinlicher ist, je mehr Zuhörer beisammen sind. Bei der

Anwesenheit vieler Zuhörer wird der Druck, vielleicht der Einzige zu sein, der sich einer evidenten Einsicht versperrt, besonders spürbar, und die Hemmungen, sich überhaupt zu äußern und zusätzlich gegebenenfalls sein Unvermögen einzugestehen, werden besonders stark. In einer Mathematikvorlesung mag dieser Umstand zu verschmerzen sein, zumal die Evidenz bei der Herkunft vieler mathematischer Axiome (darunter versteht man Grundsätze, die nicht mehr bewiesen werden müssen) sicherlich eine Rolle spielt. In einer politischen oder sonst für die praktische Lebensbewältigung bedeutsamen Diskussion aber gerät er mitunter zum Ärgernis. Hier wird mancher Zuhörer zum Mitläufer, der, wenn sich die Zeiten ändern, in Begründungsnotstand für sein Verhalten kommt.

Das angeblich Offensichtliche ist nicht immer auch das Wahrhaftige.

Trauen Sie sich zu zweifeln

Dem Druck einer nachdrücklich behaupteten und von der Mehrheit der Mitmenschen nicht widersprochenen Klarheit und Evidenz kann man sich z. B. mit Hilfe einer philosophischen Lebenseinstellung widersetzen, die der Skepsis und dem Zweifel einen hinreichend großen Platz einräumt. In diesem Sinne beginnt der englische Mathematiker und Philosoph Bertrand Russell sein Buch »Skepsis« mit folgender »Doktrin«: »Es ist nicht wünschenswert, an eine Behauptung zu glauben, wenn kein Grund vorliegt, sie für wahr zu halten.« In einem bissigen Nachsatz räumt Russell allerdings die negativen Folgen einer solchen Doktrin ein, da »... sie sich nachteilig auf das Einkommen von Hellsehern, Buchmachern, Bischöfen und anderen auswirken würde, die von den unvernünftigen Hoffnungen von Leuten leben, die nichts geleistet haben, womit sie in diesem Leben glücklich oder im künftigen selig zu werden verdienten.«

Das eigentliche Problem ist jedoch weniger die Skepsis selbst als vielmehr der Mut, ihr auch Ausdruck zu verleihen. Wenn man etwas angeblich Offensichtliches nicht verstanden hat, gibt man das dann auch öffentlich zu? Der schlagfertige Konter auf eine evidente Behauptung wird noch dadurch erschwert, dass die Behauptung ja durchaus wahr sein kann und man sie deshalb nicht blindlings angreifen will. Man will lediglich seinem Zweifel auf eine Weise Ausdruck verleihen, die einen nicht vor allen anderen Zuhörern als völlig begriffsstutzig dastehen lässt.

Wenn man diese Erwägungen mit berücksichtigt, empfiehlt es sich in vielen Fällen, nicht einfach zu sagen: »Das verstehe ich nicht.« Vielmehr sollte man seinen Zweifel und gegebenenfalls auch sein Unver-

Strategien der emotionalen Beeinflussung

ständnis in eine gute Verständnisfrage einpacken, die auch über die eigentliche Behauptung hinausgehen kann.

Es kommt darauf an, seine Frage geschickt zu formulieren.

▶ *Behauptung: »Wie jeder weiß, ist das Auto der größte Feind unserer Umwelt.«*
Konter: »Ich denke, dass wir alle wissen, dass das Auto unsere Umwelt erheblich belastet. Könnten Sie uns bitte erläutern, warum alle anderen Faktoren aus Ihrer Sicht offenbar von untergeordneter Bedeutung sind?«

Erklärung: Sie kontern in diesem Beispiel quasi »um die Ecke«, d. h., Sie zweifeln nicht die Behauptung selbst an, sondern die sehr viel kompliziertere Konsequenz dieser Behauptung. Und dass Sie nicht wissen können, welche Umweltbelastungen Kraftwerke, Industrien, Haushalte und andere »Verschmutzer« erzeugen, wird man Ihnen wahrscheinlich eher nachsehen, als wenn Sie sagen würden: »Das verstehe ich nicht, ist das Auto wirklich so schlimm?«

▶ *Behauptung: »Es ist doch offensichtlich, dass das heutige Fernsehen die Jugend verdummt.«*
Konter: »Sind Sie wirklich der Meinung, dass die Jugend heute dümmer ist als früher?«

Erklärung: Sie bezweifeln hier weniger die fragliche Behauptung selbst als ihre Voraussetzung. Es mag ja sein, dass viele Jugendliche durch viel Fernsehen nicht unbedingt klüger werden. Die allgemeine Tendenz einer Verdummung ist jedoch eine sehr viel gewagtere Behauptung.

▶ *Behauptung: »Wie wir alle aus der Relativitätstheorie wissen, kann die Lichtgeschwindigkeit nicht überschritten werden.«*
Konter: »Ich habe zwar gelernt, dass dies eine Konsequenz der Relativitätstheorie sein soll, aber könnten Sie das nochmals kurz erläutern?«

Erklärung: In diesem Falle können Sie auf vorsichtige Weise eingestehen, dass Sie in der Tat nicht verstehen, worum es geht, denn damit sind Sie, wenn Sie nicht von lauter Physikern umgeben sind, in guter Gesellschaft. Sollten Sie mit der nun folgenden Erklärung etwas anfangen können, können Sie sich ja immer noch überzeugen lassen oder die Erklärung ablehnen oder die Hoffnung aufgeben, in diesem Leben die Relativitätstheorie zu verstehen.

Übungen

1. Wie würden Sie die folgenden angeblich evidenten Behauptungen skeptisch kontern, wenn Sie nicht die nötige Fachkenntnis haben, um sie in der Sache zu beurteilen?

a) »Wie jeder weiß, wird sich die Weltbevölkerung im Jahre 2010 auf x Milliarden Menschen belaufen. Das übervolle Schiff Erde steuert seinem Untergang entgegen.«

b) »Ohne jeden Zweifel ist die Gefahr durch Nuklearwaffen am Ende des 20. Jahrhunderts gebannt.«

c) »Es ist allgemein bekannt, dass wir heute wesentlich mehr Naturkatastrophen haben als noch vor 50 Jahren.«

Sagen Sie nicht einfach: »Das verstehe ich nicht.« Betten Sie Ihren Zweifel in eine gute Frage ein.

2. Der ehrliche Satz »Das verstehe ich nicht« basiert auf einer negativen Formulierung (»nicht«). Finden Sie mindestens drei Varianten, die positiver klingen.

3. Machen Sie zwischendurch wieder eine allgemeine Lockerungsübung für Ihre Schlagfertigkeit! Hier gilt es einfach, die gefürchtete Sprachlosigkeit abzubauen. Setzen Sie spontan drei Begriffe – je einen Begriff aus jeder Spalte – in eine sinnvolle, witzige oder überraschende Beziehung zueinander. Es ist nicht nötig, dass sich diese Beziehung im Rahmen der herkömmlichen Logik bewegt oder der Realität entspricht. Wer es sich etwas einfacher machen will, kann die Reihenfolge der Spalten beliebig vertauschen. Versuchen Sie so schnell wie möglich, aus den einzelnen Begriffen einen grammatikalisch sauberen Satz zu formulieren.

Möglichkeit	Mode	Plan
Idee	Weg	Zeitung
Wahl	Urlaub	Mitglied
Blume	Besitz	Wahrheit
Gespräch	Partner	Thema
Notiz	Traum	Erfindung
Termin	Brief	Kraft
Angebot	Ziel	Büro

Lösungshinweise finden Sie auf Seite 155.

Mit einem kurzen Statement überzeugen

Der Anschein des Offensichtlichen kann unabhängig von Evidenzbehauptungen wie »Es ist doch offensichtlich, dass …« auch allein durch einen logisch wirkenden und einprägsamen Aufbau der Argumentation hervorgerufen werden. Die Strategie, auf Argumentationsfiguren zurückzugreifen, die – möglichst unabhängig vom besprochenen Inhalt – überzeugen, ist oft erfolgreich. Vertreter der »reinen« Wissenschaft und der akademischen Rhetorik haben zwar mit so einfachen Instrumenten oder Rezepten ihre Bauchschmerzen; dennoch sind solche Argumentationsschemata in der so genannten Populärrhetorik sehr beliebt, weil sie auch dem rhetorischen Laien die Chance bieten, ohne Ausbildung zum perfekten Redner vernünftig und überzeugend zu argumentieren. Aus rein pragmatischer (zweckgerichteter) Sicht ist es also zweifellos förderlich, diese Techniken zu kennen oder – besser noch – sie zu beherrschen. Darum sollen Sie im Folgenden zumindest zwei der gängigsten Fünfsatztechniken kennen lernen.

Die Fünfsatztechnik

Bei der Fünfsatztechnik ist der Aufbau der Argumentation vorgegeben.

Die Fünfsatztechnik bietet ein effektives Argumentationsschema: In fünf Sätzen bzw. Schritten, die einem bestimmten Aufbau folgen, wird dem Sprecher ein Rahmen für ein klug und plausibel erscheinendes Statement an die Hand gegeben.
Der erste Schritt des Fünfsatzes dient dazu, die Aufmerksamkeit des Gesprächspartners zu erringen. Es ist meist ein auf die jeweilige Situation bezogener, aktueller Einstieg in das Thema, mit Äußerungen wie:

- »Worauf aber noch nicht eingegangen wurde …«
- »Im Grunde schließe ich mich Ihnen an …«
- »Ich möchte zu dem Thema … folgende Ausführung machen …«

Die nächsten drei Schritte dienen der Beweisführung. Diese gehorcht in der Regel nicht den Gesetzen der strengen oder formalen Logik, wenn sie sich auch häufig in ein logisches Gewand kleidet. Tatsächlich steht hier die schon erwähnte Evidenz im Vordergrund.

Der dialektische Fünfsatz

Die Dialektik zeigt Widersprüche in Pro- und Kontraargumenten auf.

In dieser Variante des Fünfsatzes werden zur Beweisführung im Sinne einer dialektischen Argumentation Vor- und Nachteile aufgeführt und abgewogen und schließlich in einer Synthese zusammengefasst. Wer nicht dialektisch vorgehen mag, also nicht These und Antithese, Pro und Kontra gegeneinander antreten lässt, wird anstelle der Antithese

vielleicht Beispiele anführen, die seine Eingangsbehauptung stützen. Statt der Synthese bildet er dann lediglich ein Fazit.
Die Gefahr beim dialektischen Fünfsatz besteht darin, dass man unbeabsichtigt auch Argumente aufführt, die die eigene Synthese möglicherweise unglaubwürdig erscheinen lassen. Der Vorteil ist allerdings, dass bei gelungener Anwendung das abschließende Urteil ausgewogen erscheint. Der fünfte Satz ist in jedem Fall ein Appell an den oder die Zuhörer.

Schritte des dialektischen Fünfsatzes

1. Vorstellen des Themas
2. These: Argumente für etwas
3. Antithese: Argumente gegen etwas
4. Synthese bzw. Urteil
5. Appell

Es wäre realitätsfern zu behaupten, dass man in der alltäglichen Praxis die Synthese nicht schon in Form der eigenen Meinung mitbrächte, d. h., man weiß in der Regel schon vorher, welches Ziel man mit seiner Argumentation ansteuert. Die Auseinandersetzung mit Pro- und Kontraargumenten lässt die abschließende Meinung jedoch ausgewogen und überlegt erscheinen, wobei die Redlichkeit oder Objektivität dieser Auseinandersetzung zwangsläufig der Wahrheitsliebe des Sprechers überlassen bleibt. Es mag am Rande die Bemerkung erlaubt sein, dass man sich unter Umständen selbst keinen Gefallen tut, wenn man die Waage bereits abliest, bevor man sämtliche Gewichte aufgelegt hat.

Bei gekonnter Anwendung wirkt das Urteil sehr besonnen.

Statement zum Für und Wider
Ein Politiker soll kurz zu der Frage Stellung nehmen, wie seiner Meinung nach die Verkehrsprobleme zahlreicher Innenstädte zu lösen sind. Er argumentiert mit dem dialektischen Fünfsatz:
1. *»Wir müssen ein Konzept für den Autoverkehr in den Innenstädten entwickeln.«*
2. *»Für einen uneingeschränkten Autoverkehr spricht ...«*
3. *»Für autofreie Innenstädte muss hingegen ... angeführt werden.«*
4. *»Daraus kann man nur den Schluss ziehen, dass ...«*
5. *»Daher meine Empfehlung ...«*

Ein kleiner psychologischer Kniff soll an dieser Stelle nicht verschwiegen werden. Wer vorab schon weiß, wohin er in der Synthese steuern wird, der sollte sich die Reihenfolge der Punkte 2 und 3 gut überlegen. In dem obigen Beispiel ist diese Reihenfolge z. B. richtig, wenn man in der Tendenz auf autofreie Innenstädte hinauswill. Wer hingegen abschließend das Motto »Freie Fahrt für freie Bürger« verkünden will, der sollte die Inhalte unter 2 und 3 vertauschen, um möglichst keinen Bruch zwischen dem dritten und vierten Schritt sichtbar zu machen. Hinzu kommt, dass die meisten Zuhörer ein miserables Kurzzeitgedächtnis haben. Sie können sich bei Punkt 4 gerade noch an die Ausführungen zu 3 erinnern, aber nicht mehr an die Details zu 2.

Schlagfertig kontern mit dem dialektischen Fünfsatz

Reagieren Sie mit der Fünfsatztechnik überzeugend auf Angriffe.

Der dialektische Fünfsatz eignet sich nicht nur für Vorträge oder für das Abgeben von Statements, sondern auch für das schlagfertige Kontern in kritischen Situationen.

Angriff: »Sie haben als Projektleiter versagt!« – Konter:
1. *»Wir hatten mit Projekten dieser Art noch keinerlei Erfahrungen und waren daher zeitweilig in einer Experimentierphase.«*
2. *»Das lange vor Projektbeginn am grünen Tisch definierte Ziel konnte zwar von uns nicht erreicht werden.«*
3. *»Die Praxis erforderte von uns die Neudefinition eines realistischen und praktikablen Ziels.«*
4. *»Dieses Ziel haben wir auch ganz klar erreicht.«*
5. *»Aus diesem Grund können Sie mir nun wirklich kein Versagen vorwerfen.«*

Beim Kontern mit dem dialektischen Fünfsatz ist allerdings eines zu beachten: So überzeugend die Erklärung sein mag, weil das abschließende Urteil ausgewogen und bedacht erscheint, so muss man sich doch darüber im Klaren sein, dass man sich bei einer dialektischen Argumentation rhetorisch zunächst in mehrere Richtungen bewegt, bevor man in der Synthese die von einem selbst bevorzugte Richtung einschlägt. Das birgt stets die Gefahr, dass der Zuhörer, der bei dieser Technik geradezu darauf gestoßen wird, dass es mehr als eine Sicht der Dinge gibt, einem auf dem Weg nicht folgt, sondern im schlimmsten Fall auf »dumme Gedanken« gebracht wird. So gibt der konternde Sprecher in dem obigen Beispiel auf den Vorwurf, versagt zu haben, zunächst zu, dass er das ursprüngliche Ziel in der Tat nicht erreicht hat. Er kann dann nur hoffen, dass sein Gesprächspartner ihm den Anstand erweist, ihm bei den restlichen Ausführungen mit derselben Aufmerksamkeit zuzuhören.

Der kausale Fünfsatz

Statt der dialektischen eignet sich auch eine kausale Argumentation für den Fünfsatz. Im Gegensatz zum dialektischen Aufbau verläuft die Argumentationsstruktur im ersten Teil des Fünfsatzes geradlinig, und zwar vom Ist-Zustand über die Analyse der Ursache zur Bestimmung des Ziels. Die Mittel und Wege zur Erreichung des Ziels münden dann quasi automatisch in den entsprechenden Appell.

Eine kausale Argumentation liefert Begründungen.

Schritte des kausalen Fünfsatzes

1. Ist-Analyse, Stand des Problems
2. Analyse der Ursachen
3. Bestimmung des Ziels
4. Erläuterung der Maßnahmen bzw. der Lösung
5. Appell

Statement zu Ursachen und Zielen

Ein Vertreter einer Umweltschutzorganisation soll ein kurzes Statement zum Thema Erwärmung der Erdatmosphäre geben. Er geht nach dem kausalen Fünfsatz vor:
1. *»Die Erdatmosphäre erwärmt sich ständig.«*
2. *»Dies liegt nach unseren bisherigen Erkenntnissen an ...«*
3. *»Unser Ziel ist jedenfalls der Schutz unserer Umwelt.«*
4. *»Dazu sind folgende Schritte erforderlich ...«*
5. *»Ich fordere deshalb uns alle auf ...«*

Schlagfertig kontern mit dem kausalen Fünfsatz

Auch der kausale Fünfsatz bietet die Möglichkeit, Einwände und Angriffe wirkungsvoll abzuwehren. Der vorgegebene Aufbau für die kausale Argumentation gibt Ihnen die Anleitung für einen schlagfertigen Konter an die Hand.

Angriff (nach einem Autounfall): »Sie haben Ihren Führerschein wohl im Preisausschreiben gewonnen?« – Konter:

Strategien der emotionalen Beeinflussung

1. »Wir stehen hier mitten auf der Kreuzung, weil wir einen Autounfall hatten.«
2. »Sie behaupten, ich hätte ohne Grund abrupt gebremst. Ich meine, Sie sind zu dicht aufgefahren.«
3. »Wir möchten beide nicht den ganzen Nachmittag hier auf der Kreuzung verbringen.«
4. »Also werden wir zur Klärung der Lage jetzt die Polizei rufen.«
5. »Ich bitte Sie, sich bis dahin zu beherrschen und mich nicht weiter zu beschimpfen.«

Der Fünfsatz wirkt zwar sehr rational, seine Mittel bauen aber auf die emotionale Beeinflussung.

Der Fünfsatz, in welcher Form auch immer, zwingt das Denken und die Argumentation des Sprechers auf eine recht enge Bahn. Dies mag – wie eingangs angedeutet – Nachteile haben und zu den Vorbehalten der akademischen Rhetoriker führen. Sosehr sich die Fünfsatztechnik auch in der Praxis bewährt – man darf nicht außer Acht lassen, dass eine Argumentation, die einem dialektischen oder zumeist nur vermeintlich kausalen Zusammenhang folgt, nicht deshalb schon logisch ist, weil sie logisch aussieht. Denken Sie an das Logikkapitel in diesem Buch! Die Vorteile allerdings bestehen eindeutig darin, dass man eine nachvollziehbare und überzeugende Struktur hat, mit der einem der rote Faden nicht so schnell abhanden kommt. Außerdem sorgt der abschließende Appell für eine eindeutige Kommunikationssituation, d. h., die Zuhörer wissen genau, was der Sprecher von ihnen will.

Übungen

1. Geben Sie mit der dialektischen oder der kausalen Fünfsatztechnik ein kurzes Statement zu den folgenden Reizthemen ab. Bitten Sie einen Partner oder eine Partnerin, Ihnen zuzuhören und Sie anschließend mit Hilfe der Checkliste zu beurteilen.

a) Verdoppelung des Benzinpreises
b) Verringerung (oder Aufstockung) des Militärhaushalts
c) Helmpflicht für Fahrradfahrer
d) Null-Promille-Grenze für Autofahrer
e) Rauchverbot in allen Restaurants

Checkliste für die Wahrnehmung der Wirkung einer Rede
► Wie war der Inhalt der Rede (Informationsumfang)?
► Wie hat der Redner die Rede aufgebaut (Logik, Gliederung, Einhaltung der Fünfsatztechnik)?
► Wie hat der Redner seine Zuhörer angesprochen (Motivation)?
► Wie ist der Redner aufgetreten (Persönlichkeit, Ausstrahlung)?
► Wie hat die Rede auf den Partner, die Partnerin gewirkt?

2. Versuchen Sie, mit Hilfe einer Fünfsatztechnik Ihrer Wahl folgende Angriffe schlagfertig zu kontern!

a) »Sie haben das Quartalsziel unserer Abteilung nicht erreicht!«
b) »Ich glaube, Sie haben zehn Daumen an Ihren Händen!«
c) »Sie arbeiten entschieden zu langsam!«

3. Diese Übung können Sie zu zweit oder zu viert durchführen. Suchen Sie ein Thema, zu dem Sie kontroverse Meinungen vertreten. Die eine Partei ist beispielsweise für ein striktes Rauchverbot, die andere dagegen. Setzen Sie sich parteiweise an einen Tisch, und zwar frontal gegenüber. Schreiben Sie das Thema auf ein Blatt in der Mitte des Tisches, und notieren Sie dort auch, welche Seite des Tisches welche Ansicht vertritt. Nehmen Sie jetzt einen Rollentausch vor: Diejenigen, die z. B. für ein Rauchverbot sind, müssen nun die liberale Rolle vertreten und umgekehrt.
Natürlich ist es ungleich schwerer, überzeugend einen Standpunkt zu vertreten, der das Gegenteil von dem ist, was man in Wirklichkeit für richtig hält. Aber das ist der Sinn dieser Übung.

Lösungshinweise finden Sie auf Seite 155f.

Sich in andere Meinungen und Vorstellungen hineinzuversetzen, erweitert den eigenen Horizont.

Durch einen moralischen Appell beeinflussen

Der moralische Appell ist eine Form der (Pseudo-)Argumentation, die sich noch wesentlich deutlicher und unverhohlener von den Methoden einer rational geführten Diskussion abgrenzt als das Behaupten von Evidenzen oder der Gebrauch der Fünfsatztechnik. Er wendet sich ganz offenkundig nicht an den Verstand, sondern sieht diesen womöglich sogar als Gegner und zielt auf eine nicht minder mächtige Instanz, nämlich auf das Gewissen des Zuhörers. Dieses wird nach Sigmund Freud in der Psychoanalyse auch als Über-Ich bezeichnet, was seinen emotionalen und autoritären Charakter schon vom Wort her enthüllt. Um das Gewissen anzusprechen, enthält der moralische Appell einleitende Formulierungen wie

- »Die Freiheit verlangt ...«
- »Wir müssen doch jedem das Recht einräumen ...«
- »Sie können doch nicht ...«
- »Aber ich bitte Sie ...«
- »Man kann doch nur ...«

Profis unter den moralisierenden Rhetorikern vermögen diesen Appell an das Gewissen zunächst zu verbergen, indem sie erst nach und nach enthüllen, wie schlecht man sich mit der eigenen Meinung eigentlich fühlen sollte.

Appell an das soziale Gewissen

Ziel eines moralischen Appells ist es, seinen Gesprächspartner bzw. -gegner so weit zu bringen, dass er sich selbst für die von ihm geäußerte Ansicht tadelt, zumindest aber ihm glaubhaft darzulegen, dass die Gemeinschaft, der er sich zurechnet, ihn für diese Ansicht tadeln wird, wenn er die Frechheit besitzt, sie auch in der Zukunft weiterhin aufrechtzuerhalten.

Die Erwartungen der Gemeinschaft üben einen starken Druck auf den Einzelnen aus.

Einen Appell auszusprechen lohnt sich besonders, wenn das dem anderen die Möglichkeit bietet, sich moralisch besser zu fühlen, indem er sich dem Diktat des vorgestellten Gemeingewissens unterwerfen kann. Alles andere erzeugt nur das verzweifelte Bemühen des Angegriffenen, sich moralisch zu rechtfertigen, oder es endet mit dem für einen echten Moralisten ebenfalls unbefriedigenden Ausscheiden des Unbekehrbaren aus der Gemeinschaft. Letzteres ist nur dann akzeptabel, wenn man darauf verweisen kann, dass der andere den rechten Weg trotz intensiver Hilfestellung verfehlt hat. Dann heißt es: »Ihm ist eben nicht mehr zu helfen.«

Noch sicherer ist die Verwendung des moralischen Appells, wenn man sich zuvor auf die moralischen Werte, die man später gegen seinen Diskussionspartner einsetzen will, mit diesem geeinigt hat. Dazu eignen sich gut Suggestivfragen wie:
- ▶ »Sie sind doch sicherlich genau wie ich der Meinung, dass die freie Meinungsäußerung eines unserer höchsten Güter darstellt?«
- ▶ »Sagen Sie selbst, gibt es etwas Wichtigeres als unsere Gesundheit?«

Kontern mit der Ja-aber-Taktik

Wenn Sie sich mit einem solchen moralischen Appell nicht gleich etwa das Rauchen oder Kaffeetrinken in der Pause verbieten lassen wollen, müssen Sie rechtzeitig z. B. mit der Ja-aber-Taktik kontern und den eben genannten moralischen Wert einfach überbieten: »Ja, die Gesundheit ist sehr wichtig, aber ich finde, das Recht auf freie Selbstbestimmung ist mindestens ebenso hoch anzusetzen.« Es ist ansonsten äußerst schwierig, eine Ansicht oder ein Verhalten aufrechtzuerhalten, wenn diese(s) den »gemeinsamen« ethischen Vorstellungen widerspricht.

Wehren Sie sich gegen eine unerwünschte Bevormundung!

Sich nicht mit Verallgemeinerungen vereinnahmen lassen

Boshafte Gesprächspartner unterlaufen solche Techniken, indem sie auf spitzfindige Weise die Grundlage des moralischen Appells anzweifeln. Eines Tages sprach mich ein Mitglied einer Sekte auf der Straße an und begann die Diskussion mit der rhetorisch gar nicht so üblen Frage: »Willst du glücklich werden?« Zu seinem offenkundigen Entsetzen beantwortete ich bereits diese Gesprächseröffnung mit einem klaren Nein (wie ich zugebe, aus rein taktischen Gründen) und nahm ihm damit jegliche Möglichkeit, mir nun über den moralischen Appell den Weg zu einem Ziel zu zeigen, von dem er sicherlich (und wohl zu Recht) annahm, es sei das Ziel eines jeden Menschen. Folgerichtig bestand sein nächster Versuch auch in dem Hinweis: »Aber jeder Mensch möchte doch glücklich werden!« Da mir die meisten Glückseligkeitssekten schon immer verdächtig waren, konterte ich einfach: »Diese Feststellung ist hiermit widerlegt. Vor Ihnen steht einer, der es nicht werden will.«

Solche radikalen Abwehrmaßnahmen können jedoch in so mancher »gesitteter« Gemeinschaft nicht angewendet werden, weil sie, wie man

Strategien der emotionalen Beeinflussung

Moralische Appelle wirken außerordentlich stark. Sie sprechen das Gewissen an.

sich in solchen Fällen belehren lassen muss, nicht »anständig« oder »fair« sind, womit einen der moralische Appell auf Umwegen wieder einholt.

In der Praxis ist die Strategie, eine missliebige Ansicht als moralisch verwerflich zu kennzeichnen, durchaus erfolgreich. Das Ziel des moralischen Appells ist allerdings nicht, den Angesprochenen zum (rationalen) Nachdenken oder zu einer Einsicht zu bringen, sondern ihn dem moralischen Diktat zu unterwerfen. Eben darum wirkt ein solcher Appell bedauerlicherweise nur sehr unzureichend in den Fällen, wo eine »Besserung« des Gesprächspartners im Sinne einer größeren Nachdenklichkeit wirklich wünschenswert wäre. Der in diesem Buch schon öfter zitierte englische Philosoph Bertrand Russell hat diese Einsicht einmal folgendermaßen auf den Punkt gebracht: »Moralpredigten kurieren ein Laster genauso wenig wie einen Reifenschaden.«

Übungen

1. Die folgenden Sätze enthalten alle einen moralischen Appell. Stellen Sie sich jeweils eine Situation vor, in der Sie gute Gründe haben, anders zu handeln, als es von Ihnen verlangt wird, und kontern Sie mit der Ja-aber-Taktik!

a) »Es gehört sich nicht, so früh nach Hause zu gehen.«
b) »Sie können sich doch nicht einfach über unsere Hausordnung hinwegsetzen!«
c) »Wenn ich dir schon helfe, könntest du wenigstens ein bisschen dankbar sein.«
d) »Alle anderen haben schon längst ihre Unterlagen abgegeben, nur Sie noch nicht!«
e) »Wie kannst du es zulassen, dass dir diese alte Frau deine Wäsche macht?«

2. Kontern Sie die folgenden moralischen Appelle mit einer Methode Ihrer Wahl.

a) »Die freie Meinungsäußerung ist eines unserer höchsten Güter.«
b) »Jeder sollte mit seiner Gesundheit tun dürfen, was er will.«
c) »Wie kann man einem Menschen nur einen so einfachen Gefallen abschlagen?«
d) »Der Klügere gibt nach.«

Lösungshinweise finden Sie auf Seite 156f.

Exkurs zur Körpersprache

In einem Buch zum Thema »Schlagfertig kontern« haben Sie womöglich kein Kapitel über die Körpersprache erwartet – denn es ist kaum möglich, schlagfertig auszusehen oder dreinzuschauen – es sei denn, man interpretiert dies wörtlich als »bereit zum Schlag«. Das aber ist keine angemessene Körperhaltung in einem Gespräch gleich welcher Art. Es gibt jedoch Gesten und Körperhaltungen, die z. B. Offenheit signalisieren, einen Angriff unterstützen und eine Abwehr erfolgreicher machen können. Da diese allerdings recht schwierig umzusetzen sind, erfahren Sie zum Einstieg erst einmal etwas über körpersprachliche Äußerungen, die Sie in einem Gespräch, einem Disput oder bei einem Vortrag unterlassen sollten.

Wie Ihr Körper Unsicherheit verrät

Es gibt körpersprachliche Signale, die selbst dem ungeschulten Beobachter verraten, dass sein Gegenüber unsicher ist. Meist sendet man diese unbewusst aus, immer (von begnadeten Täuschern und Schauspielern abgesehen) sendet man sie ungewollt. Ein aggressives Gegenüber wird z. B. Verlegenheitsgesten sehr schnell deuten und zu seinem Vorteil nutzen. Schließlich signalisieren sie ihm noch verlässlicher als das gesprochene Wort, wie weit seine aggressive Taktik Erfolg hat. Um Signale von Unsicherheit und Verlegenheit zu vermeiden, muss man sie sich zuallererst bewusst machen. Um welche typischen Signale handelt es sich?

Man muss kein Spezialist sein, um körpersprachliche Signale der Unsicherheit erkennen zu können.

Die Augen als Fenster zur Seele

Es sind meist die Augen, mit denen wir zu jemandem zuerst Kontakt aufnehmen und mit denen wir zugleich eine emotionale Brücke bauen oder eine Barriere errichten. Ein wie auch immer gearteter Blickkontakt ist – außer am Telefon oder im Internet – oftmals die Voraussetzung für eine erfolgreiche Kommunikation. Aus einem gesenkten Blick hingegen können sich Angst, Unsicherheit oder Verlegenheit verraten. Der Gegner wird nur selten und kurz angeschaut, ansonsten blicken die Augen nach unten auf den Schreibtisch, den Boden oder die eigenen Aufzeichnungen.
Schauen Sie Ihrem Gegenüber offen in die Augen! Sie sollen ihn oder sie dabei nicht »niederstarren« und erst recht kein Blickduell führen. Denken Sie aber daran, dass die Augen Ihre eigenen Schwachstellen sind (ebenso wie die des anderen).

> **Ein gesenkter Blick signalisiert Schuldbewusstsein**
>
> Etwas anders sieht es aus, wenn der Gegner eine übergeordnete Position innehat, die man akzeptieren will oder muss (Chef während einer berechtigten Rüge, Richter in einer Verhandlung etc.). In solchen Fällen sollte man sein Gegenüber nicht durch keckes In-die-Augen-Gucken reizen, sondern besser schuldbewusst den Blick senken.

Bei einem Vortrag sollten Sie Blickkontakt mit den Zuhörern halten.

Lippenbekenntnisse

Zusammengepresste, dünne Lippen zeugen von innerer Anspannung und Unwohlsein. Noch deutlicher wird das, wenn man auf der Unterlippe kaut. Letzteres kann zwar in bestimmten Situationen auch Nachdenklichkeit andeuten, in Konfliktsituationen zeigt es jedoch, dass man mit seinem Latein am Ende ist und dass mit dem rettenden Einfall in den nächsten zehn Sekunden nicht zu rechnen ist.

Die Haltung von Schultern und Brust

Hängende oder zum Schutz nach vorne gezogene Schultern sind entweder angeboren, oder sie zeugen von Resignation oder Abwehr. Wenn Sie die Brust bewusst ein wenig nach vorne und oben rücken, kommen die Schultern automatisch in eine bessere Position, und Ihr gesamter Oberkörper streckt sich. Also denken Sie daran: Brust raus!

Hände sprechen Bände

Wer seine Hände verschränkt, sollte sie wenigstens ruhig halten. Mit den Händen zu »ringen« signalisiert dem Gegner deutlich, dass man weniger gegen ihn als vielmehr mit sich selbst kämpft. Auch wer mit der einen Hand den Zeigefinger der anderen umschlingt, verrät, dass er sich festhalten muss – also einen Halt braucht, den er im Moment ansonsten scheinbar nicht hat.
Die Angewohnheit, in kritischen Situationen einen kleinen Gegenstand, etwa einen Kugelschreiber, in die Hand zu nehmen und nervös daran herumzuknipsen, macht zwar auf Dauer auch den Gesprächspartner nervös, offenbart aber in erster Linie die eigene Unsicherheit. Wer dann auch noch beginnt, während des Gesprächs oder Vortrags an dem Stift herumzudrehen und ihn in seine Einzelteile zu zerlegen, macht zumindest einen unvergesslichen Eindruck! Um solchen Pannen vorzubeugen, können Sie durchaus etwas in die Hand nehmen. Achten

Sie aber darauf, dass dieser Gegenstand so groß ist, dass Sie nicht damit herumspielen können, und dass er seine Funktion zum Festhalten erfüllt. Wer z. B. eine Mappe mit Unterlagen oder ein Buch in die Hand nimmt, der hält dann eben nicht das Buch fest, sondern er hält sich an dem Buch fest. Dieser kleine, aber wesentliche Unterschied ist für den anderen nicht sichtbar.

Kontrollieren Sie Ihre Gestik

Wer von Haus aus etwas lebendiger ist, der sollte seine Gestik für seine Zwecke unbedingt sinnvoll einsetzen. Unterstreichen Sie ruhig mit den Händen, was Sie sagen wollen! Wenn Sie dabei stehen, müssen Sie allerdings die Hände auch bis auf Brusthöhe anheben, denn ein zaghaftes Herumwedeln auf Hüfthöhe sieht ungeschickt aus.

Mit der Sprache von Händen und Armen unterstreicht man das Gesagte nonverbal.

Wer sich in einer Diskussion oder Auseinandersetzung ans Ohrläppchen greift oder den Finger an die Schläfen oder die Stirn legt, deutet Nachdenklichkeit an und erhöht damit wahrscheinlich auch tatsächlich seine Konzentrationsfähigkeit. Allerdings verzeiht man einem Brillenträger den häufigen Griff zur Nase und einem Bartträger den streichelnden Griff ans Kinn eher als jemandem, der diese Attribute nicht hat.

Stehen auf sicheren Beinen

Falls Sie in einer kritischen Situation stehen müssen, vermeiden Sie es, von einem Bein auf das andere zu wippen oder nervös mit den Füßen zu scharren. Man sieht es einem Menschen an, ob er »mit beiden Beinen im Leben steht«: Ein mechanisch fester Stand signalisiert meist auch einen ansonsten festen Standpunkt. D. h.: Stellen Sie die Beine ein wenig auseinander, so dass Sie das Gefühl haben, dass ein Stoß Sie nicht ohne weiteres aus dem Gleichgewicht bringt.

Wenn Sie Ihre Anspannung dennoch durch Bewegung abbauen wollen und nicht stillstehen können, dann sollten Sie besser gleich auf und ab gehen – das wirkt mitunter sogar lebendiger, als nur zu stehen. Es sollte allerdings nicht so aussehen, als habe man ein wildes Tier in einen engen Käfig gepfercht! Versuchen Sie vielmehr zu zeigen, dass Sie auf diese Weise während des Sprechens im wörtlichen Sinne verschiedene Standpunkte einnehmen.

Wenden Sie in der Bewegung Ihren Zuhörern möglichst nicht den Rücken zu!

Die richtige Beinhaltung im Sitzen

Sogar im Sitzen haben einige Menschen noch Probleme mit ihren Beinen – vor allem wenn sie diese nicht hinter bzw. unter einem Tisch verstecken können. Wer auf der Stuhlkante sitzt und dabei aussieht, als wolle er am liebsten davonlaufen, der braucht sich nicht zu wundern, wenn er bei seinem Gegner den Jagdinstinkt weckt. Aber auch wer mit weit ausgebreiteten Beinen lässig zurückgelehnt ein Übermaß an Selbstsicherheit ausstrahlt, macht sich damit nicht immer Freunde. Allerdings ist das in einer Auseinandersetzung allemal besser als ängstlich zusammengedrückte oder verschränkte Beine, auf die zur Absicherung noch die gefalteten Hände gelegt werden.

Bringen Sie die Beine stattdessen bequem über Kreuz. Legen Sie dann die Hand, die der Seite des oberen Beins entspricht, locker auf das Knie, und benutzen Sie die freie Hand zum Gestikulieren. Das wirkt souverän und unverkrampft.

Wie Sie Offenheit, Abwehr oder Angriff signalisieren

Körpersprachliche Signale sind nicht nur auf eine Weise deutbar. Die Situation, in der sie gesendet werden, ist mit zu berücksichtigen.

Ob einem ein Mensch mit Offenheit oder mit Abwehr begegnet, kann man in der Regel am besten an seiner Mimik, d. h. am Gesichtsausdruck, ablesen (Ausnahme sind allerdings Menschen, die von Natur aus einen mürrischen Gesichtsausdruck haben, dessen sie sich gar nicht bewusst sind). Gesten und Körperhaltungen hingegen können sehr täuschen – wie z. B. die vor der Brust verschränkten Arme, die oft zu Unrecht als Geste der Abwehr gedeutet werden. Doch genauso wie die auf dem Rücken verschränkten Hände sind sie für viele einfach eine bequeme Haltung, die sich nur aus der Situation heraus als etwas anderes interpretieren lässt. Da es in diesem Buch jedoch weniger um die Interpretation als vielmehr um den Einsatz von Körpersprache geht, können wir es uns ein wenig einfacher machen.

Die vor der Brust verschränkten Arme wirken bei größeren und breiteren Männern häufig ablehnend, mitunter sogar bedrohlich. Bei zierlichen Frauen und sehr schmalen Männern wirkt dieselbe Geste ganz anders, und wenn diese Menschen sich dann mit der einen Hand noch am anderen Arm festhalten, entsteht mitunter sogar der Eindruck von Unsicherheit, als suchten sie am eigenen Körper nach Halt.

Gesten der Offenheit

Mehr oder weniger ritualisiert und daher meist unmissverständlich ist die Geste der offenen, nach oben gewandten Handfläche. In der Vorzeit signalisierte man so, dass man unbewaffnet war. In der heutigen Zeit deutet man damit Offenheit an, und oft hat dies sogar den Charakter eines Angebots. Umgekehrt wirken die nach unten gerichteten Handflächen ablehnend oder bremsend; es entsteht eher die Assoziation, als wolle man mit den Händen etwas von sich wegdrücken. Ein Angebot an den Gesprächspartner wirkt darum besonders deutlich, wenn man erst die Hände mit den Handrücken nach vorne hebt und sie dann in einer Abwärtsbewegung so nach vorne bringt, dass nun die Innenseiten auf den Gesprächspartner zeigen. Man bietet also eine symbolische Gabe auf der Handfläche an.

Körpersprachliche Signale des Angriffs

Der Angriff wird deshalb – im Gegenteil zum freundlichen Angebot – in der Regel mit dem Handrücken nach oben geführt, eventuell verstärkt durch den nach vorne stoßenden Zeigefinger. Der Extremfall ist die meist ebenfalls unmissverständliche Faust, bei der die Handinnenseite gar nicht mehr zu sehen ist. Wer sich allerdings zu solchen Gesten der Stärke verleiten lässt, der sollte auch in seiner sonstigen Körperhaltung Standfestigkeit zeigen, d. h. beispielsweise im wahrsten Sinne des Wortes mit beiden Beinen auf dem Boden stehen.

Da man in solchen Situationen zumeist auch die Stimme anhebt, müssen insbesondere Frauen oder Männer mit sehr hoher Stimmlage darauf achten, dass ihre Stimme nicht nach oben entgleitet und »kieksig« wird. Zu diesem Zweck empfiehlt es sich, in den Sprechpausen bewusst zu atmen, vor allem einmal tief einzuatmen, die Luft für einen Moment anzuhalten und dann ganz bewusst auszuatmen. Meistens hat man sich danach wieder einigermaßen unter Kontrolle.

Auch der Klang der Stimme ist ein nonverbales Signal.

Provokation – der Tritt vor das geistige Schienbein

Eng verwandt mit den Killerphrasen scheint die Provokation. Doch bei genauerer Betrachtung geht die Provokation weit über die Killerphrasen hinaus, weil sie die meisten der zuvor beschriebenen Techniken in sich vereint. Sie dient im Gegensatz zu den Killerphrasen weniger der Verletzung des Gesprächspartners als vielmehr dazu, ihn ganz allgemein zu einer Reaktion zu veranlassen. Der lateinische Wortstamm »provocatio« heißt übersetzt denn auch nichts anderes als »Herausforderung« oder »Aufreizung«. Die Provokation hat also ein Minimalziel, und das ist die Aufmerksamkeit des Provozierten. Dass sie oft über dieses Minimalziel hinausschießt, steht auf einem anderen Blatt.

Provokative Begrüßung
Der Pädagogikprofessor Horst Nickel pflegte seine Einführungsvorlesung zum Thema Kinderpsychologie damit zu beginnen, dass er mit einem Diaprojektor das Bild eines Kindes auf der Wand des Hörsaals erscheinen ließ. Er kommentierte das Bild nur mit dem Satz: »Damit Sie wenigstens einmal in Ihrem Studium sehen, wofür wir Sie hier ausbilden!«

Die Provokation fordert eine Reaktion heraus. Es gibt leichte, aber auch sehr starke Formen der Provokation.

Hat man erst einmal die Aufmerksamkeit seines Gesprächspartners erregt, dann kann man zunächst auf weitere Provokationen verzichten. Sollte man aber das Gefühl haben, dass die Aufmerksamkeit im Laufe der Zeit nachlässt oder nachlassen könnte, kann man – mitunter auch vorbeugend – eine weitere, am besten humorvolle Provokation einfließen lassen. Humor hat zwar die Deutschen in der Welt nicht gerade bekannt gemacht, das bedeutet aber keineswegs, dass sie dafür nicht empfänglich wären.

Provozieren, um Aufmerksamkeit zu erregen

Neben der leichten Form der Provokation, die mit einem Schuss Ironie und Humor gewürzt wird und die für den Provozierten gut zu verdauen ist, gibt es auch noch die andere Art der Provokation, die bissiger daherkommt und zu der man bevorzugt dann greift, wenn man sich tatsächlich über jemanden ärgert. Die Provokation erzeugt im leichtesten Fall Irritation und im schlimmsten Fall Ärger. Aber auch Letzteren kann man in Kauf nehmen, wenn unter dem Strich etwas Vernünftiges dabei herauskommt.

Eine Beschwerde mit Humor

Ein Kunde in einem großen Kaufhaus wartete seit über zehn Minuten darauf, dass er bedient würde. Sein Ärger nahm dabei stetig zu, denn in unmittelbarer Nähe von ihm standen drei Verkäuferinnen, die sich lebhaft und lachend miteinander unterhielten. Endlich wurde es ihm zu viel, er ging auf die vergnügte Gruppe zu und fragte: »Können Sie mir bitte sagen, wo ich hier eine Wahrsagerin oder Kartenlegerin finde?« – »Was wollen Sie denn damit?«, kam die irritierte Rückfrage. »Ganz einfach«, antwortete der Kunde, »die wird mir sicherlich sagen können, wann ich hier bedient werde.«

Zum Nachdenken anregen

Der in diesem Buch schon häufiger zitierte englische Mathematiker und Philosoph Bertrand Russell, der quasi nebenbei 1950 den Nobelpreis für Literatur erhielt, war ein Meister der Provokation. Sein Schicksal zeigt allerdings auch, dass man unter Umständen bereit sein muss, dafür einen Preis zu zahlen. So verlor er wegen »pazifistischer Propaganda« eine Professur in Cambridge und wurde schließlich wegen seiner andauernden Provokationen gegen den Krieg in das Gefängnis von Brixton gesteckt. All dies brachte ihn allerdings nicht davon ab, die Gesellschaft mit bissiger Ironie auch weiterhin zu provozieren. Als das britische Militär ihm eine Einberufung schicken wollte, fand es ihn nicht. Russells Kommentar: »Die Regierung konnte trotz größter Anstrengung nicht herausfinden, wo ich mich aufhielt, denn sie hatte vergessen, dass sie mich ins Gefängnis gesteckt hatte.«

Bertrand Russell provozierte die Autoritäten seiner Zeit durch bissige Kommentare.

Doch nicht nur dem Staat, sondern auch der Kirche war er mit seinen bissigen Stellungnahmen ein ständiges Ärgernis. So schrieb er in einem Brief von 1953 einen Satz, mit dem man wahrscheinlich auch heute noch provozieren könnte: »Hätte die gegenwärtige Opposition der Kirche gegen die Geburtenkontrolle Erfolg, so würde das bedeuten, dass Armut und Hungertod für immer das Schicksal der Menschheit sind, es sei denn, die Wasserstoffbombe brächte Erleichterung.«

Russell erreichte mit solchen Äußerungen jedoch mehr, als dass sich etliche Menschen ärgerten. Bei vielen löste er etwas aus, das eines der wichtigsten Ziele der Provokation ist: Sie bringt die Menschen zum Nachdenken!

Provozierendes Schweigen

Natürlich muss man, wenn man nicht das Format eines Bertrand Russell hat, bei jeder Form von Provokation Fingerspitzengefühl beweisen, und man sollte sich wenigstens ansatzweise über mögliche Folgen im Klaren sein. Das gilt auch für den Fall, dass man jemanden provoziert, indem man schlichtweg gar nichts sagt. Denn auch einfaches Schweigen kann eine starke Provokation bedeuten.

Seine Mittel und Methoden im Griff haben
Ein noch unerfahrener Psychologiedozent griff in seiner ersten Seminarsitzung zu einer in der Sozialpsychologie recht beliebten Form der Provokation: Er setzte sich gleich zu Beginn vor die Studenten und sagte erst einmal zehn Minuten lang kein Wort. Sein Schweigen provozierte und frustrierte die Studenten dermaßen, dass der Dozent die sich daraus ergebende Aggression der Studenten über die ganze Veranstaltung nicht mehr in den Griff bekam und auch den Sinn seiner Provokation nicht mehr glaubhaft vermitteln konnte.

Eisiges Schweigen kann den Gesprächspartner zur Weißglut bringen.

Ein ähnliches Phänomen ist in vielen Zweierbeziehungen bekannt, wenn z. B. einer der Partner über größere rhetorische Fähigkeiten verfügt als der andere, und der Stärkere meint, dem Schwächeren unbedingt ein Streitgespräch aufzwingen zu müssen. Wenn dann der Unterlegene beharrlich schweigt, steigert das in der Regel noch die Aggressivität des anderen, denn er wird ja auf diese Weise um sein Erfolgserlebnis gebracht. In einem solchen Fall endet das ganze sicherlich friedlicher, wenn der rhetorisch schwächere Partner seine mangelnde Lust auf ein Streitgespräch offen zugibt: »Ich verstehe, dass du jetzt gerne mit mir darüber sprechen willst. Aber ich bitte dich, ebenfalls zu verstehen, dass ich im Augenblick dazu keine Lust habe.«

Manchmal allerdings kann das betonte Schweigen auch sehr erfolgreich sein. So ist z. B. mancher Schweigemarsch eindrucksvoller als eine lärmende Demonstration mit lautstarken Megaphonsprüchen, die meistens ohnehin nur von denen beklatscht werden, die eh schon überzeugt sind.

Schweigen kann also als starke Provokation empfunden werden, und selbst bei einem (Ehe-)Paar, bei dem ein Partner streitlustiger ist als der andere, ist das Schweigen des Ruhigeren oft noch eine stärkere Reaktion als der zuvor erfolgte Angriff, weil es den aggressiveren Partner eindeutig entwertet.

Auf Provokationen reagieren

Wie reagieren Sie, wenn Sie provoziert werden? Wenn Ihnen nichts Besseres einfällt, sollten Sie am besten schweigen und die Provokation ignorieren. Denn wer nichts sagt, sagt auch nichts Falsches. Das ist allemal besser, als die Reaktion zu zeigen, die der Provokateur sehen möchte – besonders wenn er Sie wirklich nur ärgern will. Jede Gegenrede würde den Provokateur nur aufwerten.

Trotz Provokation die Ruhe bewahren

Ein großer deutscher Privatsender erreichte hohe Einschaltquoten damit, dass er jeweils einen Gast einlud, der sich auf den so genannten »heißen Stuhl« setzte und eine Reihe von Gesprächspartnern mit sehr provozierenden Thesen häufig fast zur Weißglut brachte. Die Themen reichten von »Frauen gehören grundsätzlich an den Kochtopf« bis hin zu »Kirchen müssten als terroristische Vereinigungen verboten werden«. Im Grunde waren bei dieser Sendung weniger die Provokateure faszinierend, die einfach nur eine Gelegenheit zur überzogenen Selbstdarstellung wahrnahmen, als vielmehr diejenigen, die sich in schöner Regelmäßigkeit zu heftigen Reaktionen reizen ließen.

In einer Sendung allerdings durchschaute eine provozierte Frau das Spiel, und sie entgegnete dem Provokateur auf dem heißen Stuhl: »Sie sagen das hier doch nur, weil Sie Ihr Buch verkaufen wollen!« Recht hatte sie, denn auf dem heißen Stuhl saß in diesem Fall ein mit allen Wassern gewaschener Werbeprofi, der mit diesem Trick, wie er in einem späteren Interview zugab, erreichte, dass vor allem seine zahlreichen Gegner sein Buch kauften, um sich darüber aufzuregen. Hätten diese Gegner auf seine Provokationen weniger erregt reagiert, hätte das zwar der Sendeanstalt nicht gefallen, aber sie hätten eines vermieden, nämlich das Gegenteil von dem zu erreichen, was sie erreichen wollten!

In manchen Situationen sind Provokationen sinnvoll und nützlich, in anderen Situationen aber einfach nur ärgerlich.

Wie dieses Beispiel zeigt, hat Provokation häufig etwas mit Manipulation zu tun. Der Werbetexter und Fernsehautor Josef Kirschner sagte in seinen Erinnerungen zur Fernsehsendung »Wünsch dir was« in den siebziger Jahren bereits: »Wenn Sie wollen, dass die Leute über Sie reden, müssen Sie anecken.« Wenn die heutige Fernsehlandschaft das mittlerweile derart ausgiebig umsetzt, dass es kaum noch funktioniert, kann es im privaten oder geschäftlichen Umfeld des Einzelnen durchaus noch Erfolg versprechend sein.

Doch so reizvoll (aber auch gefährlich) es zweifellos ist, auf eine Provokation schlagfertig zu kontern: Dazu muss man schon fast aus dem gleichen Holz geschnitzt sein wie der Gegner. Die beste Verteidigung ist immer die, die mit demselben Kaliber Kontra gibt.

Mit demselben Pulver zurückschießen

Eine recht korpulente Frau beobachtete in der Straßenbahn zwei Jugendliche, die sich in der Nähe der Tür postiert hatten und sich einen Spaß daraus machten, jeden Fahrgast, der bei ihnen vorbei musste, mit einer frechen Bemerkung zu provozieren. Sie ahnte bereits, dass sie, wenn sie aussteigen würde, nicht verschont würde. Kaum ging sie an den beiden vorbei, kam die Bemerkung: »Wie fühlt man sich denn so, wenn man so fett ist?« Noch bevor die Tür sich hinter ihr schloss, konnte sie den beiden zurufen: »Ganz gut. Und wie fühlt man sich so ohne Hirn?«

Provokation und Anmache

Anmache ist oft ganz einfach nur ärgerlich und störend. Wenn sie allerdings die Form einer sexuellen Belästigung annimmt, wird sie zu einem schwerwiegenden Problem. In vielen Fällen kann es allerdings bereits nützen, dass sich das Opfer einer Anmache schlagfertig verhält und dadurch den Provokateur davon abbringt, noch zudringlicher zu werden.

Schlagfertige Abfuhr

Ein junger Mann wurde in einer Bar von einer jungen Frau belästigt (auch das gibt es!). Obwohl er in keiner Weise auf ihre Avancen einging, ließ sie nicht locker und fragte ihn schließlich: »Was muss ich dir geben, damit ich einen Kuss von dir bekomme?« Seine Antwort lautete ganz trocken: »Chloroform.« Damit war das Problem gelöst.

Wichtig bei einer Anmache: Vergessen Sie Ihre gute Erziehung!

Anmachopfer sollten sich nicht bemühen, jemandem zu gefallen, dem sie gar nicht gefallen wollen. Rücksichtsvolle Höflichkeit ist in diesem Fall absolut fehl am Platz. Ein beliebter Anmachspruch lautet ja: »Haben wir uns nicht schon einmal irgendwo gesehen?« Wenn Sie jetzt höflich antworten: »Tut mir Leid, aber daran kann ich mich nicht erinnern«, ist das schon fast eine Einladung zum Gespräch. Wenn Sie stattdessen kontern: »Ja, in meinem letzten Albtraum«, dürfte das Gespräch damit zu Ende sein.

Mobbing – die Anmache im Betrieb

Leider funktioniert es nicht in allen Fällen, dass sich das Opfer einer Anmache allein durch schlagfertiges Kontern gegen die unverschämten Angriffe eines Provokateurs zur Wehr setzen kann. Schwierig ist es in dieser Hinsicht am Arbeitsplatz, wenn die Anmache in regelrechtes Mobbing, d. h. in bösartige Schikane, ausartet. Der Provokateur und sein Opfer treffen hier immer wieder aufeinander, und das Opfer hat in der Regel keine Möglichkeit, dem Angreifer weiträumig aus dem Weg zu gehen. Ist der Täter dann noch ein Vorgesetzter, fällt eine Reaktion, mit der man sich das unverschämte Verhalten strikt untersagt, aus auf der Hand liegenden Gründen vielleicht noch schwerer. In diesen Fällen gibt es jedoch zumindest in größeren Firmen schon Ansprechpartner in der Personalabteilung oder im Betriebsrat, an die man sich wenden kann. Doch auch solche üblen Dinge fangen häufig klein an, und hier kann ein schlagfertiger Konter das Unkraut tilgen, sobald es aus der Erde kommt. Man kann es ja auch etwas freundlicher machen: »Ich weiß nicht, wie ich ohne Ihre anzüglichen Bemerkungen leben könnte, aber ich würde es gern einmal probieren!«

Bei Mobbing sind umfassendere Abwehrstrategien vonnöten.

Provokationen schlagfertig kontern

Je nachdem, wie die persönliche Beziehung zum oder auch Abhängigkeit vom Provozierenden ist, bietet es sich an, auf die Provokation halbwegs freundlich (aber nicht entgegenkommend!) oder aber ebenfalls schlagfertig provozierend zu reagieren.

- *Provokation:* »Sie sind aber ein richtig steiler Zahn!«
  Freundlicher Konter: »Den werde ich Ihnen gleich ziehen, Sie Spaßvogel!«
  Provozierender Konter: »Sie meinen, ich bin das genaue Gegenteil von Ihnen?«
- *Provokation:* »Sie haben aber einen süßen Hintern!«
  Freundlicher Konter: »Auf solche Komplimente kann ich gut verzichten!«
  Provozierender Konter: »Ja, aber im Gegensatz zu Ihnen sitzt er an der richtigen Stelle!«
- *Provokation:* »Sie haben aber eine heiße Stimme!«
  Freundlicher Konter: »Passen Sie auf, dass Sie sich keine heißen Ohren davon holen!«
  Provozierender Konter: »Wie kann das jemand beurteilen, der meistens auf seinen Ohren sitzt?«

Nun hat Anmache aber durchaus nicht immer einen sexuellen Hintergrund, und manchmal kann man darauf auch schlagfertig reagieren, ohne ein einziges Wort zu sprechen, indem man sich z. B. ganz einfach nicht alles gefallen lässt!

Sich nicht in die Opferrolle zwingen lassen

Einer Gruppe von jüngeren Arbeitern in einem Industrieunternehmen wurde wegen anstehender Mehrarbeit ein etwa fünfzig Jahre alter Mitarbeiter zugeordnet, der zuvor schon viele Jahre lang in einem anderen Teil des Unternehmens gearbeitet hatte. Die jungen Männer versuchten von Anfang an, den älteren Kollegen durch zahlreiche schlechte Scherze zu provozieren. Bis zu einem gewissen Grad ertrug der Ältere diese Anmache geduldig und tat sie als Jugendstreiche ab. Dadurch allerdings wurden die Provokationen immer heftiger, denn die Gruppe wollte nun einfach ihre Grenzen austesten. Als sie ihrem älteren Kollegen eines Tages seinen Werkzeugkasten zugeschweißt hatten, war für ihn das Maß voll.

Statt nun jedoch mit einem Wutausbruch zu reagieren, wie alle es erwartet hatten, machte er etwas ganz anderes: Er ließ sich zunächst nichts anmerken, doch als nach der Frühstückspause die jungen Arbeiter von ihren Stühlen aufstehen wollten, mussten sie sich notgedrungen ihre Hosen ausziehen, weil der Ältere die Stühle unbemerkt mit einem sehr guten Zweikomponentenkleber überzogen hatte. Von da an war tatsächlich Ruhe, denn nun begriffen die Jüngeren, dass der neue Kollege abgesehen von seinem Alter doch einer von ihnen war.

Sie können sprachliche Charakteristika des Angriffs in Ihrem Konter verarbeiten – das ist wirksam und wirkungsvoll.

Ansonsten bietet es sich an, zwar sprachlich auf die Provokation einzugehen, ihr aber inhaltlich eine andere Richtung zu geben. Erinnern Sie sich noch einmal an die Killerphrasen: Während diese reine Formeln der Ablehnung sind, marschieren die Provokationen gezielt nach vorne. Beide Taktiken jedoch sind ein Angriff auf der Beziehungsebene. Es ist deshalb zwar nicht unbedingt schädlich, aber auch nicht in jedem Falle notwendig, auf den Inhalt, d. h. auf die Stoßrichtung der Provokation einzugehen. Es ist allerdings oft von Vorteil, in dem schlagfertigen Konter das Vokabular der Provokation zu verarbeiten und unter Verwendung der Worte des Angreifers die Stoßrichtung der Provokation zu ändern oder gar umzukehren. Dies ist eine Art geistiges Judo, denn beim Judo nutzt man ja auch den Schwung des Angreifers aus, um ihn schließlich selbst zu Fall zu bringen.

- *Provokation: »Sie sitzen da wie ein Buddha!«*
  Entgegnung: »Da Buddha der Inbegriff von Weisheit und Erfahrung ist, kann ich damit leben!«
- *Provokation: »Typische Beamtenmentalität!«*
  Entgegnung: »Die deutschen Beamten sind bekannt für ihre Gründlichkeit und Genauigkeit. Das gilt auch für mich.«
- *Provokation: »Frauen und Technik!«*
  Entgegnung: »Schließt sich das genauso aus wie Männer und Verstand?«

Provokationen sind manchmal witzig, manchmal aber auch beleidigend. Ist die Beleidigung beabsichtigt, so ist es auf jeden Fall falsch, dem Gegner das Erfolgserlebnis zu gönnen, dass er sein Ziel erreicht hat. Wer nach einer beleidigenden Provokation »die beleidigte Leberwurst« spielt, lädt geradezu dazu ein, bei nächster Gelegenheit wieder das Opfer spielen zu dürfen. Im Zeitalter des Mobbings kann man in Unternehmen häufig beobachten, dass sich ganze Abteilungen (oft unbewusst) zusammenschließen, weil sie endlich jemanden gefunden haben, an dem sie ihren Frust abreagieren können. Entscheidend ist häufig, dass man sich rechtzeitig wehrt und nicht etwa wartet, bis die lieben Kollegen so viel Munition gesammelt haben, dass ein schlagfertiger Konter verpufft wie der Wassertropfen in der Wüste. Man sagt manchmal, Kinder seien grausam, weil sie sich z. B. den Schwächsten in der Gruppe aussuchen, um auf ihm herumzuhacken. Wenn wir allerdings bedenken, dass viele Menschen zwar älter, deshalb aber nicht notwendig auch erwachsen werden, müssen wir uns nicht wundern, dass sich daran auch im Berufsleben nicht viel ändert.

Wer sich nicht rechtzeitig wehrt, gilt auch künftig als dankbares Opfer.

Übung

1. Finden Sie einen schlagfertigen Konter zu den folgenden Provokationen. Versuchen Sie dabei, das Vokabular, den Satzbau oder eine andere Eigenheit der Provokation aufzunehmen und dem Ganzen eine andere – nämlich die von Ihnen gewünschte – Stoßrichtung zu geben.
a) »Wie wäre es, wenn Sie vor dem Sprechen Ihr Hirn einschalten?«
b) »Haben Sie überhaupt Freunde?«
c) »Auf welchem Stern leben Sie denn?«
d) »Du bist ja noch grün hinter den Ohren!«

Lösungshinweise finden Sie auf Seite 157.

Zum Schluss: Bei Risiken und Nebenwirkungen ...

Nach dem Erwerb einiger guter Kontertechniken werden Sie in schwierigen Situationen bald viel sicherer sein.

Diesem Reiz kann man natürlich auch verfallen: Wenn ich gefragt werde, ob man denn rhetorische Fertigkeiten, wenn man sie einmal beherrscht, zumindest in bestimmten Situationen ablegen kann, so muss ich dazu sagen: Das ist außerordentlich schwer. Da menschliches Lernen vor allem ein Lernen am Erfolg ist, führt bereits eine kleine Zahl von Erfolgserlebnissen, die man mit einer rhetorischen Technik hat, mit einiger Wahrscheinlichkeit zu deren Verinnerlichung – sie geht einem quasi in Fleisch und Blut über. Wer bestimmte rhetorische Fähigkeiten etwa für seinen beruflichen Erfolg benötigt, und wem es gelingt, sich diese Fähigkeiten anzueignen, der legt sie im privaten Bereich nicht einfach zur Seite.

Das Zusammenleben mit einem solchen Partner kann dann bisweilen etwas schwierig werden. Entweder rüstet der unterlegene Gesprächspartner rhetorisch nach, oder er ergreift eine Technik, die wir in diesem Buch bereits im letzten Kapitel, dem Kapitel zum Thema Provokationen, kurz erwähnt haben: Er ignoriert einfach das, was der andere sagt, und schweigt. Wenn der Fehdehandschuh nicht ergriffen wird, kann der Kampf nicht ausgetragen werden! Das ist für den rhetorisch überlegenen Partner zwar frustrierend, aber für den unterlegenen Partner allemal besser, als sich ständig in rhetorisch ausweglose Diskussionen zu verstricken.

Bei der Anwendung rhetorischer Techniken kann es allerdings auch zu Konsequenzen kommen, bei denen man sich einfach nur fragen muss, ob man bereit ist, sie zu tragen: Als ich einen Teilnehmer meiner Seminare nach etlichen Wochen zufällig wieder traf, sagte er zu mir: »Das war wirklich toll, was ich damals bei Ihnen gelernt habe!« Solche Kritiken höre ich natürlich gern, und so antwortete ich: »Freut mich, dass es Ihnen gefallen hat.« – »Wissen Sie«, erklärte er mir, »ich habe jetzt das erste Mal zu Hause gegen meine Frau und gegen meine Schwiegermutter Recht bekommen!« Schon etwas verunsichert sagte ich darauf: »Es ist schön, wenn Ihnen das Seminar auch privat schon geholfen hat.« – »Und wissen Sie, was das Tollste dabei ist?«, fragte er mich ganz begeistert. »Nein, keine Ahnung«, entgegnete ich. Er antwortete: »Das Tollste ist: Seitdem reden sie nicht mehr mit mir!« So viel zu den Risiken und Nebenwirkungen ...

Lösungsvorschläge

> **Hinweis**
>
> Die meisten der im Folgenden aufgeführten Lösungen sind als unverbindliche *Lösungsvorschläge* zu verstehen. Sie geben Ihnen Hilfestellung, wenn Ihnen zu den Übungen und Aufgaben nichts einfallen will oder wenn Sie nach weiteren Anregungen suchen. Aber selbstverständlich sind für die in den Übungen gefragten Sätze, Phrasen und Wörter viele verschiedene Formulierungsvarianten und schlagfertige Konter denkbar und möglich. Nur in einigen Fällen sind die folgenden Lösungen im Sinne von regelrechten *Auflösungen* zu verstehen (z. B. in dem Test im Kapitel »Logik«).

Zu Seite 30f.: Logik

Test: Wie logisch denken und argumentieren Sie?

1. (b) ist richtig. Alle anderen Aussagen gehen entweder über die ursprüngliche Aussage hinaus oder widersprechen ihr.
2. (b) stimmt. Wenn die Straße einmal nicht nass ist, so kann es auch nicht geregnet haben. Im Übrigen kann aber die Straße auch aus anderen Gründen nass sein, so dass (c) nicht in Frage kommt.
3. (a) ist die korrekte Antwort. Alle anderen Aussagen gehen über die ursprünglichen beiden Aussagen hinaus.
4. (c) ist richtig. Die *Verneinung* bildet man einfach durch Voranstellen von »nicht«, d. h.: »Nicht alle Autos rosten.« Dies ist aber gleichbedeutend mit: »Es gibt mindestens ein Auto, das nicht rostet.« Die Aussagen »Alle Autos rosten nicht« oder »Kein Auto rostet« bilden nicht die Verneinung, sondern das *Gegenteil* der ursprünglichen Aussage.
   Für diesen Unterschied noch ein anderes Beispiel: Das Gegenteil von »weiß« ist »schwarz«, die Verneinung von »weiß« ist hingegen lediglich »nicht weiß«, und das sind sehr viel mehr Farben als nur »schwarz«.

Wer sein Gehirn regelmäßig mit gezielten Übungen fordert, fördert es auch. Logisches Denken ist durch Training zu verbessern.

Lösungsvorschläge

Für einen guten Redner spielt die Fähigkeit, logisch zu denken, eine wichtige Rolle. Wer logisch argumentiert, dem folgen die Zuhörer gern.

5. (c) trifft zu. Man braucht ein in der Wenn-dann-Form gegebenes Versprechen nur zu halten, wenn der Teil des Satzes, der unmittelbar hinter dem »Wenn« steht, auch wirklich zutrifft. Dies gilt zwar nicht unbedingt im moralischen Sinn, aus logischer Sicht verhält es sich aber so!
6. (d) stimmt. Es gilt dasselbe wie bei Frage 5: Ein Versprechen in der Wenn-dann-Form ist nur einzuhalten, wenn exakt das eintritt, was hinter dem »Wenn« steht. Das Versprechen des Politikers bezieht sich demnach nur auf eine Steigerung des Bruttosozialprodukts um genau fünf Prozent. Deshalb: Ohren auf, ob Ihnen jemand tatsächlich ein Versprechen ohne Wenn und Aber gibt!
7. (b) ist richtig. Allaussagen kann man nur im Bereich der Logik und Mathematik beweisen. In den empirischen Bereichen, die sich ja auf die so genannte Realität beziehen, scheitert dies stets daran, dass man nie die Menge aller relevanten Gegenstände zur Verfügung hat. Somit lassen sich empirische Allaussagen, wie etwa Naturgesetze, durch Beobachtungen zwar stützen, oder sie können sich bewähren, sie lassen sich jedoch nicht im logischen Sinn beweisen.
8. (a) stimmt. Ja, man braucht den fraglichen Gegenstand lediglich vorzuzeigen. Hätte Reinhold Messner den Schneemenschen von seiner Exkursion im Himalaya mitgebracht, so hätte er seine Existenz in der Tat bewiesen.
9. (b) trifft zu. Nein, und das ist ein großes Glück z. B. für den Tourismus am schottischen Loch Ness. Die Existenz des sagenhaften Ungeheuers von Loch Ness lässt sich durch noch so viele fehlgeschlagene Versuche, es zu finden, nicht widerlegen. Man wird immer nur sagen können: »Wir haben es nicht gefunden.« Man wird nie sagen können: »Wir haben seine Existenz widerlegt.« Selbst wenn man dieses Gewässer eines Tages trockenlegen sollte, so werden die Schotten sagen: »Kein Wunder, dass Nessie rechtzeitig verschwunden ist. Aber sobald das Wasser wieder drin ist, ist Nessie wieder da!«
10. (c) ist die richtige Antwort. Da die Verneinung durch Voranstellen des Wörtchens »nicht« gebildet wird, lautet der fragliche Teil der Aussage »nicht mindestens eine«, und das wiederum ist gleich bedeutend mit »keine«. Mit etwas Humor und weniger logischer Schärfe könnte man hier natürlich auch die Antwort (d) gelten lassen.

Zu Seite 43: Der Umgang mit schwierigen Vorgesetzten
Übung 1
a) Erweitern: »Apropos Computer: Sind Sie damit einverstanden, wenn ich den PC-Kundenservice anrufe, damit er uns endlich die neuen Software-Versionen auf die Rechner spielt?«
Relativieren: »Dafür habe ich jetzt immerhin begriffen, dass man die Datei vor dem Abschalten des Rechners speichern muss!«
Verniedlichen: »Gott sei Dank ist das bei diesen Geräten ja kein schlimmes Problem mehr!«
Übertreiben: »Dass ich das immer wieder vergesse – das macht mich ganz fertig!«

b) Erweitern: »Ich sehe schon, ohne mich läuft die Firma nicht. Ich werde mich beeilen und das Versäumte sofort nachholen.«
Relativieren: »Aber ich bleibe doch dafür abends stets länger!«
Verniedlichen: »Das ist richtig, aber bei uns geht es doch ohnehin um 9 Uhr erst richtig los.«
Übertreiben: »Sie können mir doch nicht einfach kündigen!«

c) Erweitern (in Kombination mit einer Frage): »Interessant, dass Sie das sagen ... Liegt das an meiner Arbeitsweise, oder haben Sie etwas gegen mich persönlich?«
Relativieren: »Ich erledige diesen Arbeitsvorgang genauso wie alle anderen Kollegen und Kolleginnen auch.«
Verniedlichen: »Es mag sein, dass ich heute nicht besonders schnell gearbeitet habe, aber das hole ich morgen problemlos wieder auf!«
Übertreiben: »Wenn Sie mich dermaßen harsch kritisieren, bin ich wie gelähmt und erst recht nicht in der Lage, mich zu konzentrieren.«

d) Erweitern: »Ich fürchte, dass in dem ganzen Konzept noch einige Fehler sind, über die wir mal sprechen sollten.«
Relativieren: »Ja, aber ich denke, der grobe Aufbau stimmt.«
Verniedlichen: »Wenn wir das jetzt noch berücksichtigen, kriegen wir es aber noch hin.«
Übertreiben: »Meine Güte, war jetzt meine wochenlange harte Arbeit völlig umsonst?«

e) Erweitern: »So arbeiten wir aber in der ganzen Abteilung. Sollten wir dann nicht einmal den gesamten organisatorischen Ablauf überdenken?«

Beim Erweitern lenkt man vom eigentlichen Problem ab, indem man ein anderes Problem thematisiert.

Lösungsvorschläge

Relativieren: »Im Verhältnis zu anderen Abteilungen benötigen wir aber die wenigsten Mannstunden pro Fertigungsteil.«
Verniedlichen: »Das erscheint nur im Moment so. Bis Ende der Woche haben wir das leicht aufgeholt.«
Übertreiben: »Ich komme mir vor wie auf einer Galeere. Es fehlt nur noch, dass Sie uns hier einen Trommler und einen Einpeitscher hinsetzen.«

Übung 2

Eine Entschuldigung, die man ohne gute Argumente für sich anbringt, verpufft nicht nur, sondern wirkt wie eine dumme Ausrede.

a) Mit dieser Entschuldigung tragen Sie nichts zur konstruktiven Klärung der Sachlage oder zur effektiven Selbstverteidigung bei. Wer sich entschuldigt, sollte gute Gründe, die für ihn sprechen, mit ins Feld führen.
b) Mit einer solchen faulen Ausrede riskieren Sie, dass der Chef noch mehr in Rage gerät – als Antwort daher untauglich.
c) In der Bitte um Aufklärung schwingt die Anerkennung der Kompetenz des Vorgesetzten mit. Als Antwort aber nur tauglich, wenn der Vorgang nicht schon zigmal erklärt worden ist.
d) Diese Antwort spekuliert auf das schlechte Gedächtnis eines überlasteten Vorgesetzten; das kann funktionieren.

Zu Seite 51: Aggressive Gesprächspartner

Übung 1

a) Gegenfrage: »Warum drohen Sie mir?«
b) Interpretation: »Meinst du etwa, ich sei ein Unmensch?«
Ja-aber-Technik: »Ja, ich weiß, ich bin sehr skeptisch und unbequem, aber diesmal aus gutem Grund.«
Aufschieben: »Ich denke, wir haben jetzt Wichtigeres zu tun, als über meine Person zu diskutieren.«
Gegenfrage: »Was willst du damit sagen?«
c) Gegenfrage: »Willst du dann den Hintermann spielen?«
d) Gegenfrage: »Welchen Unsinn meinen Sie denn jetzt genau?«
Interpretation: »Wenn Sie meine Tätigkeit für unsinnig halten, dann geben Sie mir bitte andere Anweisungen.«

Übung 2

a) »Und Sie sind offenbar Zoologe, oder irren wir uns beide?«
b) »Das will ich doch hoffen!«
Oder: »Ja, aber bitte nicht von Ihnen!«

c) »Wieso, ich bin doch nicht auf der Flucht!?«
   Oder: »Wollen Sie schnell bedient werden oder ordentlich?«
d) »Ich weiß!« (Konter mit einer Antinomie)

Übung 3
Diese kleine Spitze entstammt einer Anekdote mit dem folgenden Wortlaut:
»Wenn ich Ihre Frau wäre«, sagte Lady Astor zu Churchill, »würde ich Gift in Ihren Kaffee tun.« – »Wenn ich Ihr Mann wäre, würde ich ihn trinken«, antwortete Churchill.

Zu Seite 61: Kritikgespräche konstruktiv führen

Übung 1
a) Die Aussage zielt zweifellos auf die Person des Kritisierten.
b) Dieser Vorwurf teilt dem Kritisierten zu wenig darüber mit, wie eine Sache denn nun funktioniert. Da diese Kritik den Kritisierten nicht klüger macht, kann er sie nur persönlich nehmen.
c) Der Satz bezieht sich auf die Leistung bzw. auf den aufgetretenen Fehler und teilt zugleich mit, wie dieser in Zukunft zu vermeiden ist.
d) Diese Kritik kann mit dem Nachsatz »ein brauchbarer Mitarbeiter« nur noch persönlich genommen werden. Aber auch der erste Halbsatz (»mehr anstrengen«) ist als Kritik der Leistung ungeeignet. Dieselbe Floskel mussten schon Generationen von Eltern verdauen – aus dem Munde von Lehrern für die gewünschten besseren schulischen Leistungen ihrer Kinder. Doch die wenigsten Eltern wussten danach, was sie konkret zu tun haben. Was heißt »mehr anstrengen«? Ein angestrengtes Gesicht machen? Keinen Nachtisch oder kein Fernsehen mehr? Hätte der Lehrer oder die Lehrerin gesagt: »Hören Sie Ihrem Kind jeden Tag eine halbe Stunde lang die Englischvokabeln ab!« wäre die Sache klar gewesen. Aber so versinkt die Kritik im Schwammigen.
e) Dieser Satz zielt auf geradezu beleidigende Weise auf die Person des Kritisierten.
f) Die Aussage kann man, wenn man sehr empfindlich ist, zwar auch persönlich nehmen, sie zielt aber auf die Verbesserung der Leistung und teilt auch mit, wie diese zu erbringen ist.

> Eine persönliche Kritik transportiert keine Information, sie macht den Kritisierten deshalb auch nicht klüger.

Lösungsvorschläge

g) Dies ist eine persönliche Kritik nach dem Motto »hoffnungsloser Fall«.
h) Die Behauptung teilt dem Kritisierten nicht mit, wie er diesen Zustand ändern kann. Es bleibt ihm also nichts anderes übrig, als die Kritik nach dem Motto »Sie haben zehn Daumen« persönlich zu nehmen.
i) Die Kritik sagt ganz klar, wie eine Verbesserung in der Sache möglich ist.
j) »Diesen Fehler« mag man ja noch auf die Sache beziehen, spätestens bei »Schlamperei« wird der so Angesprochene die Kritik jedoch persönlich nehmen. Dabei spielt es übrigens keine Rolle, ob die Bezeichnung Schlamperei sachlich gerechtfertigt ist oder nicht. Versetzen Sie sich einfach in die Rolle des Kritisierten, das ist immer hilfreich!
k) Die Aussage ist sachlich. Die »Gesichtspunkte« mögen zwar Ansichtssache sein, man kann aber sachlich darüber sprechen. Selbstverständlich müssen die Punkte jetzt genannt werden.

Übung 2
a) »Warum gehen Sie anders vor, als es bei uns üblich ist?«
b) »Wissen Sie, welche Folgen das hat, wenn Sie Ihre Sicherheitsschuhe nicht tragen?«
c) »Wohin gehören eigentlich diese Ordner?«
d) »Warum kommen Sie erst jetzt zur Arbeit?«

Zu Seite 66: Sicherheit durch schlüssige Definitionen

Übung 1

Definieren Sie einfach negative Begriffe in positive um, und deuten Sie so einen Angriff zu Ihrem Vorteil.

a) »Da eine Ratte nachweislich viel schneller aus einem Labyrinth herausfindet als ein Mensch, ist das in unserer verfahrenen Situation genau das Richtige!«
b) »Da der Strauß zu den schnellsten Läufern im Tierreich gehört, wollen Sie damit wahrscheinlich sagen, dass wir schnelle Fortschritte machen?«
c) »Wenn Sie damit ausdrücken wollen, dass ich nicht alles so tierisch ernst nehme wie Sie, dann bin ich damit einverstanden.«
d) »Wenn Sie glauben, ich bin den ganzen Tag auf den Beinen, nur um ein wenig Zuckerwasser nach Hause zu schleppen, dann liegen Sie aber schief!«

Lösungsvorschläge

Übung 2
a) kreative Unordnung
b) noch zu erledigen, bereits begonnen, noch nicht abgeschlossen, bereits zu einem guten Teil erledigt
c) nur mit Erlaubnis, erlaubt für
d) mitten im Meinungsbildungsprozess, argumentieren, Meinungen austauschen
e) entscheidungsfreudig
f) seinen Impulsen freien Lauf lassen, temperament- und kraftvoll zu Werke gehen
g) informieren, Erfahrung teilen, sich mitteilen, jemandem mit einer Information weiterhelfen
h) wir können hoffen
i) nachmittags geöffnet, schon ab 12 Uhr geöffnet, vormittags immer telefonisch für Sie da
j) das besondere Restaurant, Stehcafé, Wurstspezialitäten
k) Mitbewerber
l) Verbraucherinformation
m) reifer werden, an Lebenserfahrung gewinnen
n) bequem geschnitten, bietet reichlich Raum, man wächst noch hinein
o) mehr praktisch begabt
p) außergewöhnlich
q) Beobachter, Informant
r) besser geeignet für

Zu Seite 69: Gekonnter Einsatz von Pausen

Übung 3
a) »Hilfst du mir bitte beim Abwasch?«
Oder: »Hast du Zeit, mir beim Abwasch zu helfen?«
b) »Bitte schreiben Sie diese Briefe noch heute. Sie sind sehr wichtig.«
c) »Ich habe eine Frage …«
d) »Können Sie mir bitte helfen?«
e) »Ehrlich gesagt: Ich habe keine Lust auf diesen Wochenendausflug.«
f) »Ich freue mich sehr, wenn Sie mich zu einem Gespräch einladen.«

Sprechpausen, Verlegenheitslaute und häufiger Gebrauch des Konjunktivs können dem Gegner Unsicherheit signalisieren.

Lösungsvorschläge

Zu Seite 75: Manipulation durch Fragen

Übung 1
a) »Du willst doch heute Abend nicht etwa ausgehen?«
b) »Ist dir schon aufgefallen, wie spießig sich Herr N. anzieht?«
c) »Möchtest du als Beilage Reis oder Kartoffeln?«
d) »Soll ich lieber heute Vormittag oder heute Nachmittag bei Ihnen reinschauen?«
e) »Sie sehen doch auch, welche Vorteile mein Vorschlag für alle hat?«

Übung 2
a) »Liegt das Ihrer Ansicht nach daran, dass ich zu schnell war oder dass ich noch mehr Einweisung brauche?« (Erwähnen Sie bloß nicht die Möglichkeit, dass Sie einfach schlampig waren!)
b) »Möchtest du dann lieber Pellkartoffeln oder Salzkartoffeln?« (Hauptsache Kartoffeln!)
c) »Sollen wir warten, bis deine Lust wiederkommt, oder willst du da jetzt durch?« (Hauptsache, er oder sie macht es!)
d) »Hier ist doch kein Platz! Soll ich mich auf den Tisch stellen, oder soll ich für einen Moment aus dem Haus gehen?« (Nur anbieten, wenn Sie gehen wollen!)

Zu Seite 81: Überzeugen durch Beispiele

Bevor Sie sich über eine pauschale Behauptung ärgern, demontieren Sie sie einfach mit einem Gegenbeispiel.

Übung 1
a) »Weißt du eigentlich, dass er in seinem letzten Urlaub in Südfrankreich damit durch Salzwasser gefahren ist?«
b) »Haben Sie vergessen, dass eine Frau diese komplexe Datenbankanwendung programmiert hat, mit der wir alle arbeiten?«
c) »Alle anderen Pflanzen gedeihen doch prächtig. Zählt das nicht?«

Zu Seite 84: Die Ja-aber-Taktik

Übung 1
a) »Ja, aber wenn wir zusätzlich eine elektronische Fahrwerksregulierung einbauen, werden wir einen ganz neuen Standard setzen.«

b) »Ja, aber wenn wir die Sitzung nicht nur eine Woche vorverlegen, sondern sie auch noch vormittags abhalten, kann sogar Herr T. daran teilnehmen.«
c) »Ja, aber am einfachsten ist es, einen Sonnenschutz am Fenster anzubringen.«
d) »Ja, aber wir sollten zuerst eine Kleinigkeit essen, bevor wir die Ausstellung besuchen und ins Konzert gehen.«

Übung 2
a) Verkäufer: »Ja, aber es ist das beste, was auf dem Markt ist.«
»Ja, aber gerade weil es so teuer ist, können Sie in Qualität und Service die höchsten Ansprüche an dieses Gerät stellen.«
b) Marketingleiter: »Ja, aber wir müssen jetzt irgendein Produkt anbieten.«
»Ja, aber gerade weil das Produkt schnell veraltet, haben wir einen Vorteil: Die Kunden werden sich in einem Jahr den Nachfolger kaufen.«
c) Angestellter: »Ja, aber diese Kopien brauche ich unbedingt!«
»Ja, aber während ich kopiere, kann ich schon über die nächsten Arbeitsschritte nachdenken.«
d) Partnerin: »Ja, aber dafür sehe ich auch immer sehr gepflegt aus.«
»Ja, gerade deswegen möchte ich jetzt auch wieder arbeiten gehen: Um mir ein Taschengeld für meine gute Kleidung dazuzuverdienen.«

Bei der erweiterten Ja-aber-Technik geht man zwar auf den anderen ein, versucht letztlich aber doch, die eigenen Ziele zu erreichen.

Zu Seite 88: Die Salamitaktik
Übung 2
Ziel dieser Salamitaktik ist offenbar die (ungerechtfertigte) Gleichsetzung von Zigaretten und Alkohol – mit der Konsequenz, Ihnen letztendlich nicht einmal mehr ein Glas Bier zu gönnen. Raucher werden wahrscheinlich schon bei Punkt 3 intervenieren: »Moment mal, Sie wollen doch nicht eine Zigarette mit zwei Schachteln gleichsetzen!« Nichtraucher werden (ob zu Recht oder nicht, ist hier unwesentlich) den Punkt 3 noch akzeptieren, sollten aber spätestens bei der Verstrickung von Zigaretten und Alkohol in Punkt 4 eine deutliche Trennung fordern. Es sei denn, Sie sind ein überzeugter Abstinenzler, dann haben Sie in diesem Beispiel gelernt, wie Sie sich durchsetzen!

Lösungsvorschläge

Lassen Sie sich von vermeintlichen Ergebnissen aus Statistiken nicht vorschnell blenden. Prüfen Sie erst, ob die Daten seriös interpretiert wurden!

Zu Seite 93: Manipulieren durch »harte« Zahlen

Übung 1
Die Basislinie beginnt nicht bei Null! In einer seriösen Darstellung ist die Entwicklung dieser Firma weitaus weniger dramatisch:

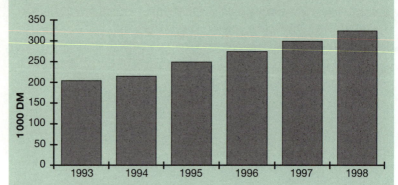

Übung 2
Extreme Randwerte, so genannte Ausreißer, beeinflussen den arithmetischen Mittelwert (den Durchschnittswert) ziemlich stark und beeinträchtigen damit erheblich seine Aussagekraft. Der arithmetische Mittelwert beträgt in diesem Beispiel zwar 3 100 DM, aber bis auf eine Person verdienen alle anderen weniger als dieser Durchschnitt.

Zu Seite 101: Einwände entkräften

Übung 1
▶ »Damit mein Vortrag verständlich bleibt, lassen Sie uns alle Fragen sammeln und am Ende beantworten.«
▶ »Der Einwand ist durchaus berechtigt. Ich gehe aber im nächsten Punkt ohnehin darauf ein. Können wir ihn noch so lange zurückstellen?«
▶ »Weil wir zur Behandlung dieses Einwands noch ein paar zusätzliche Informationen benötigen, lassen Sie mich bitte an späterer Stelle darauf eingehen.«
▶ »Lassen Sie uns diesen Punkt nach der Pause behandeln. Dann sind wir alle wieder aufmerksamer.«
▶ »Ich notiere mir Ihren Einwand, damit ich ihn nachher nicht vergesse. Vielen Dank!«

Lösungsvorschläge

Übung 2
a) Interpretation: »Verstehe ich Sie richtig, dass man hier nur nach Dauer der Firmenzugehörigkeit befördert wird?«
Teilentkräftung: »Aber Herr B. (der eine ganz andere Qualifikation hat) ist doch in dieser Zeit auch befördert worden!«
Hinzufügen und übertreiben: »Heißt das, dass ich mich hier fünf Jahre abrackern muss, ohne jemals eine Aussicht auf eine Beförderung zu haben?« Antwort: »Leider ist in Ihrem Bereich eine Beförderung vor dieser Zeit nicht möglich.« Hinzufügen und übertreiben: »Das bedeutet also, dass Leistung in dieser Firma überhaupt nicht anerkannt wird!«
b) Abschwächung: »Also aus meiner Sicht ist das durchaus nicht so wesentlich.«
Interpretation: »Unter ›wesentlich‹ verstehen Sie offenbar …«
Teilentkräftung: »Auf dieses Thema bin ich doch beim vorangegangenen Punkt schon eingegangen!« (Sie haben es allerdings nur gestreift.)
Hinzufügen und übertreiben: »Glauben Sie, dass ich noch weitere Faktoren übersehen habe?« Antwort: »Das kann schon sein.«
Hinzufügen und übertreiben: »D. h., Sie wollen mir hier jede Kompetenz absprechen!« (Vorsicht: Machen Sie das nur, wenn Sie zu dem anderen eine leidlich gute Beziehung haben und daher davon ausgehen können, dass er diesen Schluss nicht beabsichtigt hat!)
c) Interpretation: »Ich verstehe doch wohl richtig, wenn du damit sagen wolltest, ich sei ein unsicherer Fahrer?«
Teilentkräftung: »Auf jeden Fall hast du dich gerade über meine Fahrweise beschwert!«
Hinzufügen und übertreiben: »Aber meine Fahrweise gefällt dir nicht?« Antwort: »Du hast halt gerade ein Stoppschild nicht beachtet, das ist alles.« Hinzufügen und übertreiben: »Damit sagst du aber ganz klar, dass ich nicht aufmerksam genug fahre!« Antwort: »Nun ja, etwas mehr könntest du schon aufpassen.« Hinzufügen und übertreiben: »Offensichtlich zweifelst du an meinen fahrerischen Fähigkeiten!« usw.

Übung 3
Offenbar ist eine Widerlegung dieser Sätze von oben nach unten zunehmend schwieriger, und das ist im Sinne einer Einübung auch gewollt. Wenn Sie merken, dass Ihnen das spontane Widersprechen

Ein Einwand wird so lange übertrieben, bis der Bogen überspannt ist und der andere von seiner Äußerung Abstand nimmt.

Lösungsvorschläge

schwer fällt, so haben Sie zumindest erkannt, wo eine der Ursachen für mangelnde Schlagfertigkeit liegt: Es gilt hier nämlich weniger, eine neue Fähigkeit aufzubauen, als vielmehr alte Hemmungen abzubauen. Es ist die Angst, etwas Unsinniges zu sagen, die einen zum Schweigen bringt.

a) Den Satz könnte man kontern, indem man inhaltlich gar nicht auf ihn eingeht, sondern einfach auf die steigende oder an sich hohe Zahl von Arbeitslosen verweist.
b) Konter: »Also die Linde in meinem Garten sieht von Jahr zu Jahr besser aus!« Oder: »Es sind dieses Jahr doch gar nicht so viele Bäume gestorben wie letztes Jahr. Also ist das Waldsterben deutlich zurückgegangen.«
c) Kontern mit Ja-aber-Taktik: »In der Theorie ja, aber in der Praxis nicht.«
d) In diesem Beispiel ist es natürlich von Vorteil, wenn man weiß, dass die Erde in der Tat keine Kugel, sondern zu den Polen hin leicht abgeflacht ist. Doch was kümmern uns die Tatsachen! Wie man an jedem Globus oder Fußball zeigen kann, kann man auf einer Kugel keine rechteckigen Körper stabil befestigen, und da ein großer Teil unserer Architektur rechteckig ist, erlauben unzählige Städte, die stabil auf dieser Unterlage stehen, Zweifel daran, dass die Erde eine Kugel sein kann.
e) Dies Beispiel ist zweifellos das Schwierigste. Ist Ihnen dazu etwas eingefallen? Um ihm zu widersprechen, bezweifelt man am besten gleich die ganze Basis der Aussage: »Die menschliche Wirklichkeit lässt sich nicht in Zahlen fassen. Ich glaube nicht an die Mathematik!«

Zu Seite 103: Wenn man die Argumente schon kennt
Übung 2

Bekannten Einwänden nimmt man von vornherein die Luft aus den Segeln, indem man sie offen anspricht.

▶ »Sie pflegen an dieser Stelle immer einzuwerfen, dass … Ich schätze die Lage allerdings nach wie vor so ein, dass …«
▶ »Ich weiß schon, was du jetzt sagen willst. Dabei vergisst du aber, dass …«
▶ »Wie ich Sie kenne, raten Sie zu Vorsicht. Ich glaube aber, dass gerade in diesem Fall ein beherztes Vorgehen wichtig ist.«
▶ »Mir ist bekannt, dass Sie von Herrn D. nicht viel halten. Diese Fragen hier sind aber sein Fachgebiet.«

Zu Seite 106: Sich den Rückzug offen halten

Übung 1
a) »Wenn die Bahn keine Verspätung hat, bin ich pünktlich um 10 Uhr bei Ihnen.«
b) »Natürlich können wir im Juli verreisen, vorausgesetzt, ich bekomme in dieser Zeit Urlaub.«
c) »Am Samstag feiern wir bei uns eine Grillparty, sofern es nicht regnet.«

Übung 2
a) »Woher soll ich wissen, ob die Bahn pünktlich ist. Ich kann an diesem Tag nicht auf Sie warten! Ich schlage vor, dass Sie einen Zug früher nehmen!«
b) »Ich muss meinen Urlaub jetzt einreichen. Was mache ich, wenn du deinen Urlaub im Juli nicht bekommst?«
c) »Du weißt doch, dass man sich in unseren Breiten nicht auf das Wetter verlassen kann! Hast du keine Überdachung für den Fall, dass es regnet?«

Übung 3
Der Politiker ist mit dieser Äußerung – aus logischer Sicht – nur in der Pflicht, wenn das Bruttosozialprodukt um exakt fünf Prozent steigt. Da die Wahrscheinlichkeit für einen Anstieg um exakt fünf Prozent allerdings äußerst minimal ist, hat der Politiker streng genommen nichts versprochen.

Zu Seite 109: Die Sympathie seiner Zuhörer gewinnen

Übung 1
Raub ist ein Verbrechen. Wenn ich einem anderen etwas wegnehme, das mir nicht gehört und das ich behalten will, so begehe ich einen Diebstahl. Wenn ich darüber hinaus Gewalt anwende oder den anderen bedrohe, so ist dies Raub – z. B., wenn ich einer alten Dame auf der Straße mit Gewalt ihre Handtasche entreiße.

Übung 2
a) Am gemütlichsten ist es in Jakutsk bei minus 50 Grad. Dann laufen die alten Kachelöfen auf Hochtouren, und man sitzt zusammen und lässt die Samoware dampfen und den Wodka kreisen.

Ein guter Redner überfordert seine Zuhörer nicht mit schwierigen Formulierungen und unbekannten Fremdwörtern.

Lösungsvorschläge

b) Im Sommer treibt es alle hinaus in den grünenden und blühenden Park. Alt und Jung kommen dann zusammen, und wer keine freie Bank mehr findet, sucht sich ein schönes Plätzchen auf der Wiese.
c) Seit Wochen stehen in der Kantine immer dieselben Gerichte auf der Speisekarte. Die Suppen sind dabei grundsätzlich versalzen, das Gemüse ist zu Brei zerkocht und das Fleisch zäh wie Schuhsohlen.

Zu Seite 113: Killerphrasen

Übung 1

> Killerphrasen sind absolut unsachliche Äußerungen. Es hat daher keinen Sinn, sie vernünftig widerlegen zu wollen.

a) »Das ist doch kein sachliches Argument, um es nicht wenigstens zu versuchen!« (a) – »Dann wird es aber höchste Zeit, dass wir es machen!« (b)
b) »Das ist doch wohl kein vernünftiger Grund, immer so zu verfahren!« (a) – »Wir müssen unsere Fehler ja nicht jedes Jahr wiederholen!« (b)
c) »Bitte werden Sie nicht beleidigend! Sie werden sehen, dass ich das durchaus kann!« (a) – »Ich glaube kaum, dass Sie mich gut genug kennen, um zu wissen, was ich beurteilen kann!« (b)
d) »Bitte werden Sie nicht persönlich! Auf solche Bemerkungen gehe ich nicht ein, sondern ich kümmere mich lieber konstruktiv um die Lösung des Problems.« (a) – »Das zeigt nur, dass diese Leute so fähig nicht sein können!« (b)
e) »Selbst wenn es so wäre: Wollen Sie damit pauschal alles, was früher gemacht wurde, für falsch erklären?« (a) – »Ich trinke lieber guten alten Wein aus jungen Schläuchen als jungen Wein aus alten Schläuchen.« (b)
f) »Wollen Sie nur mit einem Professorentitel bereits alles beweisen?« (a) – »Von diesem Professor habe ich bisher aber nicht viel Gutes gehört!« (b)
g) »Das ist ja wohl kein Argument!« (a) – »Papier ist geduldig!« (b)

Übung 2
a) Diskussionsbeitrag, Frage
b) Probleme des Erwachsenwerdens
c) jemand, der sich zügig fortbewegt
d) sich voll und ganz für etwas einsetzen

e) nicht gefährdet, an Hautkrebs zu erkranken
f) Individualist, eigenwilliger Mensch
g) nicht dem Schönheitsideal entsprechend
h) zurückhaltend, abwartend
i) Teil der Figur eines Genießers
j) jemand, der seinen Vorteil zu nutzen weiß
k) sparsam, kostenbewusst
l) weinen
m) impulsiv

Zu Seite 117: Was ist eigentlich »offensichtlich«?

Übung 1
a) »Dass die Weltbevölkerung kontinuierlich wächst, hört man immer wieder. Aber wie kommen Sie dazu, diese Entwicklung als Ursache für den Untergang der Erde zu bewerten? Und warum ausgerechnet diese Entwicklung?«
b) »Es ist immer wieder zu hören, dass die nukleare Bedrohung in den letzten Jahren geringer geworden ist. Ihre Behauptung geht aber darüber hinaus. Können Sie bitte kurz erklären, worauf Sie Ihre Einschätzung gründen, dass die Gefahr gebannt sei?«
c) »Diese Information klingt sehr interessant. Gibt es Statistiken, die diese These verlässlich belegen?«

Übung 2
»Damit werde ich mich nochmals beschäftigen.« – »Interessant! Wie funktioniert das?« – »Ich suche noch den Schlüssel zu diesem Problem.« – »Das scheint mir so wichtig, dass wir nochmal ausführlich und in Ruhe darüber sprechen sollten.«

Zu Seite 123: Mit einem kurzen Statement überzeugen

Übung 2
a) Dialektischer Fünfsatz: »Dazu ist zunächst zu sagen, dass das Ziel der Abteilung in diesem Quartal so hoch gesteckt war wie nie zuvor. – Den avisierten Umsatz konnte ich zwar nicht erreichen, dafür habe ich aber in diesem schwierigen Bereich einen höheren Umsatz erarbeitet als je zuvor. – Aus meiner Sicht ist daher eher das zu hoch gesteckte Ziel als meine Leistung zu hin-

Beim Fünfsatz werden Argumente in eine überzeugungsstarke Reihenfolge gebracht.

Lösungsvorschläge

terfragen. – In Zukunft sollten die Zielvorgaben etwas realistischer ausfallen.«

b) Kausaler Fünfsatz: »Es ist richtig, dass ich mit dem neuen Werkzeug noch nicht so gut umgehen kann wie mit dem alten. – Nach zehn Jahren ist der Wechsel des Werkzeugs eben eine kolossale Umstellung, die Einarbeitung und Übung erfordert. – Mir selbst liegt viel daran, Routine auch mit dem neuen Werkzeug zu bekommen. – Dazu ist aber auch noch eine bessere Unterweisung in den Gebrauch vonnöten. – Deshalb bitte ich Sie auch, mir eine Schulung zu genehmigen.«

c) Dialektischer Fünfsatz: »Ich bearbeite jeden Tag etwa zehn Aufträge. – Vielleicht könnte ich pro Tag auch noch mehr Aufträge schaffen. – Allerdings bezweifle ich, dass mehr Aufträge pro Tag mit derselben Sorgfalt bearbeitet werden können. – Unter dem Strich muss sich, wer weniger sorgfältig arbeitet, später mit den noch zeitaufwändigeren Reklamationen und Rückfragen auseinander setzen, die zudem unsere Kunden verärgern. – Daher arbeite ich lieber etwas langsamer, dafür aber absolut zuverlässig.«

Zu Seite 126: Moralischer Appell

Übung 1

Die Ja-aber-Taktik hilft einem, den eigenen Standpunkt zu wahren.

a) »Ja, es ist vielleicht nicht üblich, so früh zu gehen, aber ich habe zu Hause noch dringend etwas zu erledigen.«
b) »Ja, aber wenn der Keller nicht benutzt wird, brauche ich ihn auch nicht wöchentlich zu fegen, selbst wenn dies in der Hausordnung steht.«
c) »Ja, aber indem du mir hilfst, verbesserst du auch deine Fähigkeiten auf diesem Gebiet.«
d) »Ja, aber die anderen waren auch nicht eine Woche lang krank (so wie ich) und hatten genügend Zeit, ihre Unterlagen zusammenzustellen.«
e) »Ja, sie ist zwar alt, aber sie selbst möchte gern meine Wäsche machen, weil sie sich damit ein wenig Geld zu ihrer schmalen Rente dazuverdient.«

Übung 2

a) Kontern durch Übertreiben: »Dann dürfen wir uns alle nach Belieben beleidigen?«

b) Kontern mit Ja-aber-Taktik: »Ja, aber dann sollte jeder für die Konsequenzen selbst zahlen.«
c) Kontern mit einer Gegenfrage: »Was glauben Sie, was er dann als Nächstes von mir verlangt?«
d) Kontern, indem man die Konsequenzen aufzeigt: » ›Der Klügere gibt nach‹ bedeutet die Herrschaft der Dummheit.« (frei nach Marie von Ebner-Eschenbach)

Zu Seite 139: Provokation
Übung 1
a) »Immerhin besitze ich eins!« (Den Rest des Satzes brauchen Sie gar nicht auszusprechen, der andere versteht ihn auch so.)
b) »Wenn ich Ihre Freunde sehe, möchte ich mal Ihre Feinde kennen lernen.«
c) »Bis eben dachte ich noch, er wäre von intelligenten Lebewesen bevölkert.«
d) »Das ist immer noch besser, als vollkommen farblos zu sein.« Oder: »Das liegt an Ihnen. Es ist die Farbe der Hoffnung.«

Das Wortfeld einer Anmache ist oft ein guter Anknüpfungspunkt für einen schlagfertigen Konter.

Das vorliegende Buch ist sorgfältig erarbeitet worden. Dennoch erfolgen alle Angaben ohne Gewähr. Weder Autor noch Verlag können für eventuelle Nachteile oder Schäden, die aus den im Buch gegebenen Hinweisen resultieren, eine Haftung übernehmen.

Anmerkung: In diesem Buch wurde für die Bezeichnung von Personen in der Regel nur die männliche Form verwendet (z. B. der Gesprächspartner, der Diskussionsteilnehmer usw.). Dies geschah aus Gründen der flüssigeren Formulierung und zur leichteren Lesbarkeit des Textes. Damit soll keinerlei Wertung zum Geschlechterverhältnis bei Gesprächen, Diskussionen u. Ä. vorgenommen werden. Die weibliche Form ist jeweils gedanklich zu ergänzen.

Anmerkung der Redaktion
Diesem Buch liegt die im Juli 1996 in Wien beschlossene und ab 1.8.1998 verbindliche Neuregelung der deutschen Rechtschreibung zugrunde.

© 1998 by Südwest Verlag GmbH & Co. KG, München
Alle Rechte vorbehalten.
Nachdruck – auch auszugsweise – nur mit Genehmigung des Verlages.

Redaktion: Monika Rolle
Redaktionsleitung: Dr. Reinhard Pietsch
Umschlag: Till Eiden
Illustrationen: Eckhard Hundt
Herstellung: Manfred Metzger
DTP/Satz: Irmi Putterer

Printed in Italy
Gedruckt auf chlor- und säurefreiem Papier

ISBN 3-517-07678-3

Register

Adrenalin	44
Aggression	43f.
– mit Körpersprache abfedern	47
Angst, siehe Hemmungen	
Anspannung	14f.
Antinomie	27
Argumentation, überzeugende	
– Aufzeigen durch Beispiele	28
– durch Beweis	28
– logische Grundlagen	28f.
Aristoteles	21, 25, 107
– Affektenlehre	21, 107
Auftreten, sicheres	4
Beeinflussung, emotionale	
– durch ein überzeugendes Statement	118ff.
– durch Gewinnen von Sympathie	107f.
– durch Killerphrasen	110ff.
– durch moralischen Appell	124ff.
– Strategien	107ff.
Beispiele	
– dosierter Einsatz	79
– Überzeugen durch	76ff.
– verallgemeinernder Missbrauch	77ff.
Definitionen	
– formulieren	62f.
– Kontern mit	65
Einwandbehandlung	
– Abschwächung	96f.
– Herausgreifen eines Teils	98
– Hinzufügen und übertreiben	99f.
– Interpretation	97
Einwände	
– Entgegennahme von Widerspruch	94f.
– Entkräften	94f.
– Methoden der Behandlung	96ff.
– unsachliches Widerlegen der	102f.
– Verschieben der Behandlung	95f.
– Vorwegnehmen der	102
Entspannung	14f.
Entspannungsmethoden	16
Entweder-oder-Logik	74
Erwachsenenbildung, Seminare und Veranstaltungen in der	5
Eubulides, Sophismen des	27
Evidenz	114
Fähigkeiten, sprachliche	11
Fragen	
– in Entweder-oder-Form	74
– Manipulation durch	70ff.
Fünfsatz	
– dialektischer	118ff.
– kausaler	121ff.
Gesprächsführung, erfolgreiche	
– Eingestehen von Fehlern	41
– guter Eindruck durch Zuhören	32
– Ja-aber-Technik	49ff.
– Provozieren von Emotionen	22
– richtige Fragetechnik	54
– richtiger Einsatz von Pausen	67
– Salamitaktik	85f.
– Sicherheit durch schlüssige Definitionen	62f.
– Umgang mit aggressiven Gesprächspartnern	43ff.
– Umgang mit schwierigen Vorgesetzten	36ff.
Gesprächsstil von Männern und Frauen	34
Hemmungen und Angst	
– Beeinträchtigung der sprachlichen Fähigkeiten	11
– Entspannung durch richtiges Atmen	15
– Konkretisierung von	14
– Reduzierung von	13
Ideen, Selbstnutzung fremder	82f.
Intelligenzquotient (IQ)	6
Intelligenztest	6f.
Interventionspunkt	88
Ja-aber-Taktik	
– Einsatz	82
– erweiterte	83f.
– Kontern mit der	49ff., 86, 125f.
Kommunikationsfähigkeit, bessere	4
Kommunikationsstörungen, Behebung von	12
Kommunikationstraining	5
Kontern	
– bei Aggression	45, 87
– durch Aufschieben	51
– durch Erweitern	40, 43
– durch Ja-aber-Taktik	49ff., 86, 125f.
– durch offene Fragen	54
– durch Relativieren	40f., 43
– durch Übertreiben	41, 43
– durch Verniedlichen	41, 43
– mit Definitionen	65
– mit dem dialektischen Fünfsatz	120
– mit dem kausalen Fünfsatz	122
– mit einer Frage oder Gegenfrage	49ff.
– von Killerphrasen	111
– von Provokationen	137ff.
– von Verallgemeinerungen	77f., 81
– von Wenn-dann-Aussagen	105f.
Körpersprache	
– Angriffssignale	131
– im Gespräch	127
– Kontrolle der Gestik	129
– Signale	47, 127ff.
– situationsbedingte	130

Register

Kreativität
- Anregung durch kommunikationsfördernde Umgebung — 9f.
- Anregung in früher Kindheit — 9
- bei Problemlösungen — 6
- Fähigkeit, angeborene — 9f.
- Training — 10
- Verlassen vorgegebener Denkstrukturen — 6
- Vier-Phasen-Schema — 7f.

Kritikgespräch
- einwandfreie Argumentation im — 54
- Erfolg durch offene Fragen — 54
- Gesprächseröffnung, geeignete — 56
- konstruktives Führen — 51ff.
- partnerorientierte Fragen — 58f.
- richtige Fragetechnik im — 54
- Schuldfrage im — 58
- Wirkung echter Fragen im — 60

Logik
- Aussagenlogik — 103
- Beweisführung — 23
- stark rhetorisch orientierte — 27
- und Sprache — 25ff.
- »wahr« und »falsch« als Begriffe der — 24

Lösungen, kreative — 6f.

Manipulation
- durch Beispiele — 76ff.
- durch Daten und Zahlen — 88ff.
- durch Fragen — 70ff.

Meinungsbildung
- Einschätzungen dritter Art — 12
- Einschätzungen erster Art — 11
- Einschätzungen zweiter Art — 11f.

Mobbing — 137, 139

Persönlichkeitstraining — 5

Prophezeiung, sich selbst erfüllende — 12f.

Provokation
- Formen — 132f.
- Reaktionen auf — 135
- und Anmache — 136

Prozess, kreativer — 7ff.
- Assoziation, spontane — 9
- Evaluationsphase — 8
- Illuminationsphase — 8
- Inkubationsphase — 8
- Präparationsphase — 8

Psychologie, Bedeutung für die Rhetorik — 21f.

Redefähigkeit, Abbau von Blockaden — 5

Repertoire
- Verfestigung einer schlagfertigen Äußerung im — 8
- Zurückgreifen auf gute Ideen — 8f.

Rhetorik
- antike Rednerschulen — 19
- Fünfsatztechnik — 118
- moralisierende — 124
- Systematisierung durch die Sophisten — 19
- Techniken — 20
- Training der — 5
- und Logik — 20f.
- und Psychologie — 20f.
- wirksames Mittel zur verbalen Beeinflussung — 19

Selbstsicherheitstraining — 5
Sokrates, Schule des — 27
Sophismen — 27
Spiele, kreativitätsfördernde — 9
Statistiken — 88ff.
Stressbekämpfung, wirkungsvolle Wege zur — 16

Täter-Opfer-Rollen aufbrechen — 87

Test
- Einschätzungen erster und dritter Art — 16f.
- Einschätzungen zweiter Art — 18
- logisches Denken und Argumentieren — 30f.

Ton, richtiger — 46f.

Training
- der Kreativität — 10
- gegen Hemmungen und Ängste — 10
- von rhetorischen Fähigkeiten — 5

Übungen
- für aktives Zuhören — 35f.
- für das Formulieren vager Versprechungen — 106
- für das Formulieren von manipulativen Fragen — 75
- für das Kontern evidenter Behauptungen — 117
- für das Kontern mit Definitionen — 66
- für das Kontern von aggressiven Fragen — 51
- für das Kontern von Killerphrasen — 113
- für das Kontern von Provokationen — 139
- für das Kontern von Verallgemeinerungen — 81
- für das Unterscheiden von persönlicher und sachlicher Kritik — 61
- für den Einsatz der Ja-aber-Taktik — 84
- für den Einsatz von Pausen — 69
- für eine verständliche Sprache — 109
- für Reaktionen gegenüber dem Vorgesetzten — 43
- gegen den Abbau von Sprachlosigkeit — 117
- zum Aufdecken einer Manipulation — 93
- zum Verschieben eines Einwands — 101
- zur dialektischen Fünfsatztechnik — 123
- zur Entgegnung von Einwänden — 102
- zur kausalen Fünfsatztechnik — 123
- zur Verhinderung der Opferrolle — 88

Unaufmerksamkeit, beziehungsschädigende — 33

»Was glaube ich, was andere von mir denken?«-Syndrom — 11f.
Wenn-dann-Aussagen — 30, 104f.

Zenon — 26
Zuhören, aktives — 32, 35f., 48